공부법 다 똑같다

목차

프롤로그 – 세상에 하나뿐인 나를 만드는 공부법

공부법 다 똑같다는 말은 처음 들어봤을 것이다. 요즘에는 서점이나 학원가에 가면 정말 수 없이 많은 공부법 서적이 출시되고 사라지기를 반복하고 있다. 우리나라에서 유명한 공부법은 대부분 유명한 인물의 경험담을 중심으로 개발되어 전파되고 있다. 그런데, 공부법마다 수험생들에게 전하는 방법이 다르고 서로 자기 방법이 제일 좋다고 이야기 하고 있다. 가끔은 공부법마다 상충되는 내용도 많고 공부를 잘하고 싶은 많은 사람들을 오히려 혼란으로 몰아넣는 경우도 많다. 그만큼 공부법은 한 가지 답이 없으며 극단적으로는 개인의 성격이 다르듯이 개인마다 달라야 정상이다. 모든 사람들이 처한 상황이 다르고 지식수준도 다르고 가진 자원이 다르듯이 그에 맞는 공부법도 달라야 정상이다.

얼마 전에 나에게 다급하게 상담을 요청한 수험생이 있었다. 그 친구는 공인회계사 시험을 시작했고 벌써 6개월을 공부했는데 문제를 풀어도 풀리기는커녕 자신이 공부한 게 맞는지 의심이 들 정도로 실력이 정체되어 있다고 말했다. 이 친구는 시중에 있는 많은 공부법 책을 보고 계획을 세웠고, 학원의 커리큘럼을 따라서 기본강의를 충실히 들어왔는데 왜 이런 일이 생기고 있는지 아직도 모르겠다고 했다. 심지어, 어떤 강사가 손을 쓰지 말고 기본서를 눈으로 보면서 머릿속으로 상상을 하라고 했다며 그대로 따라했다고 한다. 이렇게 잘못된 방법을 따라하는 수험생에게 모든 책임을 전가할 수도 있지만 제대로 된 방법이 아님에도 이를 강요하는 강사들이나 수험가의 자료들도 문제가 있다고 본다.

이 책은 어떤 한 가지 공부방법이 옳다고 주장하고 있는 다양한 공부법 서적들에서 한 발짝 물러나서 객관적으로 자신이 어떤 방식으로 공부해야 시험에 합격하고, 하고 싶은 직업을 설계하고, 자신의 분야에서 성공할 수 있는지 찾을 수 있도록 설계되었다.

우선, 공부를 하는 가장 큰 이유라고 할 수 있는 '직업'과 그 직업을 위한 스펙을 어떻게 설계할지를 제2장에서 소개하고 일반적인 공부노하우를 제3장에서 소개하면서 구체적으로 공부를 어떻게 해야 할지 일깨워줄 것이다. 제4장에서는 내가 연세대학교 경제학과를 최우등졸업하면서 다양한 전문자격증을 취득할 수 있었던 비결인 거꾸로 공부법에 대해서 소개하고 실전 팁을 밝힐 것이다. 또한 제5장에서는 구체적으로 공부를 어떻게 해야 시험에서 좋은 성적을 거둘 수 있는지 회독수를 늘리는 공부법을 통해 전수할 것이다. 마지막으로 회독수를 높이기 위한 요령으로 제6장에서 스피드를 활용한 공부법을 통해 이 책을 보는 수험생들에게 보다 수월한 공부를 도와줄 것이다.

이 책을 자세히 읽어보고 미래의 직업을 찾는 것부터 공부하는 방법, 구체적으로 수험생활을 준비하는 요령, 시험에서 합격하는 방법을 모두 건질 수 있길 바란다. 공부는 스스로 하면서 그 방법을 찾아가는 과정이므로 이 책이 그 방법을 찾아내는데 도움이 되었으면 하는 바람이다.

제1장

공부법 다 똑같은가 : 나를 차별화하는 공부

공통된 원리는 있다

공부를 잘하는 사람에게는 특별한 무언가가 있다고 생각하는 이들이 많다. 그러나 그들을 잘 관찰해 보면 평범한 학생들과 크게 다르지 않은 방법으로 비슷한 내용을 똑같이 공부하는 경우가 많다. 다만, 공부를 잘하는 사람들에게서 보이는 몇 가지 공통점은 존재한다. 그 중에서 가장 두드러지는 것이 1) 같은 내용을 무수히 반복하여 기억력을 높이는 것, 2) 공부를 하는데 걸리는 시간이 짧고 공부 속도가 빠르다는 것, 3) 시험에 나오는 내용을 우선적으로 파악하고 공부를 시작한다는 점이었다. 나 또한 이 세가지를 잘 하였기에 빠르게 여러 시험에서 좋은 성적을 거둘 수 있었다고 생각한다.

행정고시에서 최연소로 합격한 친구, 공인회계사 시험을 1년만에 합격한 친구, 의대에 진학해서 좋은 학점을 얻은 친구들을 인터뷰해 보면 하나같이 위 세가지를 잘 지켜서 공부를 했다. 이들은 의도적으로 한 것은 아니겠지만 시험을 잘 치르기 위해서 본능적으로 이러한 공통원리를 깨우치고 적용한 것이다. 분명 이러한 원리를 구체적으로 적용하고 지속적으로 몸에 체화시키면 공부를 잘할 수 밖에 없다고 생각한다. 이것이 쉬운 것은 아니지만 말이다.

그런데, 이러한 우등생들을 모방한다고 우리도 공부를 잘 할 수 있을까.

'모방은 창조의 어머니'라는 말이 있듯이 처음부터 굉장한 것을 기대하는 것은 무리가 있다. 솔직히 말하자면 나도 어릴 때 공부를 너무 못했기 때문에 공부를 잘하는 친구들을 관찰해서 따라해가면서, 그리고 실제로 치대를 수석으로 졸업하거나 서울대학교를 좋은 성적으로 졸업한 지인들에게 공부법에 대해서 조언을 들으면서 나만의 방법을 끊임없이 찾아왔다. 나도 다른 공부쟁이들의 조언을 듣고 그들을 모방해 온 것이다.

이 책은 내가 그들을 관찰하고 수능 모의고사 6등급에서 시작해서 연세대학교 경제학과 최우등졸업까지 극적인 역전을 할 수 있었던 공부방법을 보다 압축적으로 제시하고자 한다. 공인회계사, 감정평가사 등 어려운 시험에 합격하면서 다시 재확인한 공부방법과 나만의 기술도 공개하고자 하는데 자신에게 맞는 방법을 찾는데 도움이 되었으면 좋겠다. 나의 방법뿐만 아니라 다양한 공부의 고수들에게 조언을 얻고 공부법을 지속적으로 다듬는 것이 여러분들의 수험생활을 단축시키고 실력을 향상시킬 것이라고 믿는다.

즉, 공통원리는 반드시 존재하고 그것을 내가 적용하는 것에 대한 문제만 남았다는 이야기다. 이 책을 통해서 어떻게 내 공부에 공통된 방법을 적용할지 고민해 보는 것이 제일 중요한 과제인 것이다.

습관이 되면 절반은 성공이다

작심삼일이라는 말을 아는가. 나는 어릴 때 별명이 작심삼일이었다. 어차피 공부에 대해서는 오랫동안 지속할 수 없었기 때문에 애초에 시작을 안했던 것 같다. 그리고 공부를 하려고 책상에 앉기만 해도 졸음이 밀려오고 고통스러웠기 때문에 더욱이 지속하기 힘들었던 것 같다. 아침에 일어나서 세수를 하고 밥을 먹고 놀러나가서 친구들하고 떠드는 것은 매일 습관처럼 잘했지만 공부는 의식적으로 노력해야 했기 때문에 시작하는 것 자체에 시간과 노력이 필요했던 것이다.

지금은 오히려 반대로 책을 보는 것이 참 편하고 쉬워졌다. 친구들과 놀려고 만나도 어색하고 어떻게 해야 할지 안절부절 못하는 것 같다. 이미 10년 동안 나는 공부를 하거나 일을 하는데서 인정을 받으면서 그것이 하나의 습관이 되어있었다. 그러나 의식적으로 노는 것을 멀리했기 때문인지 놀려고 해도 그것에 대해 거부반응을 보였다. 습관은 이처럼 무서운 것이다.

군대 훈련을 받아본 사람은 습관의 무서움을 더 잘 알 것이다. 처음에는 팔굽혀펴기를 10개도 힘들어하던 사람도 훈련을 마칠 즈음에는 100개를 넘게 하면서도 끄떡없게 체력이 좋아지기 때문이다. 나는 장교훈련을 받으면서 매일 아침 6시에 기상을 해서 이불을 개고 구보를 뛰는 것이 3개월 정도 반복되면서부터 아침 6시만 되면 저절로 눈이 떠졌다. 처음에는 1km만 뛰어도 숨이 차서 쓰러질 것 같던 내가 3개월 동안 매일 일정한 시간에 달리기를 하다 보니 하프마라톤대회에 나가서도 완주할 정도의 체력이 되었다. 그만큼 매일 꾸준히 하는 것은 무서운 위력을 가지고 있다.

정말 좋은 방법으로 공부하는 것 자체가 습관이 되어버리면 굉장한 효과를 발휘한다. 자신만의 방법과 공부원리를 찾은 다음에는 매일 조금씩이라도 이를 적용하여 공부하는 것이 중요하다. 처음에는 힘들고 포기하고 싶을 것이다. 이를 참고 버티다 보면 조금씩 공부가 편안해 지는 내 모습을 발견할 것이다. 이렇게 조금씩 공부시간과 공부량을 늘려나가는 것이다. 내게 맞는 방법도 차츰 찾게 된다. 이렇게 공부가 습관이 되어야 내가 이 책에서 소개하는 신전 공부방법들이 자연스럽게 내 것이 된다.

시험을 빨리 합격하려면

여기서부터 공부방법과 시험의 기술에 대해서 이야기하고 싶지 않다. 뒤에 챕터에서 수 없이 많이 소개할 테니 말이다. 많은 시험에서 좋은 성적을 거두면서 가장 크게 느낀 것이 있다면 공부방법보다 그것을 어떻게 실천하느냐가 더 중요하다는 사실이다. 우리가 아무리 박지성이나 호나우두의 축구 기술을 배우고 매일 그들의 플레이를 관람한다고 하더라도 그들처럼 축구를 할 수는 없을 것이다. 그들처럼 직접 축구를 하면서 몸으로 익혀야 축구를 잘하게 된다는 이야기가 하고 싶다. 아무리 이론적으로 빠삭하더라도 실천하지 않고 연습하지 않으면 절대로 실력이 좋아질 수 없다. 그냥 머릿속으로만 아는 것은 진정한 앎이 아니다.

시험에 빨리 합격하고 싶다면 일단은 공부를 시작하고 공부를 지속하는 것이 가장 중요한 문제다. 지금 이 책을 보면서 공부법을 고민하고 있는 오늘도 사실 공부를 조금이라도 해야 하는 것이다. 공부를 손에서 놓았으면서 공부법만 고민하는 것은 앞서 밝힌 박지성의 오류에 빠지기 쉽다. 그럼 어떻게 공부를 시작하고 지속하라는 말인가.

나는 가장 일상적인 행위들에 공부를 연결시켜 매일 반복할 수 있는 상태로 만드는 것이 우선이라고 생각한다. 가장 좋은 것은 매일 도서관에 가서 정해진 시간에 공부를 지속하는 것이지만 이것은 생각보다 고통스럽고 피곤하고, 거부감이 드는 일임에는 틀림없다. 공부를 오래했던 나 같은 경우에도 도서관에 가서 공부하라고 하면 벌써 피곤하고 하기 싫어지기 때문이다. 그래서 생각한 것이 산책하면서 공부를 하고, 밥을 먹거나 음악을 듣는 중에도 공부를 해보자는 것이었다. 간단하다. 그냥 일상적인 일이지만 그 시간에 책을 같이 보는 것이다. 이것이 하루가 되고, 이틀이 되고, 일주일이 되면서 공부를 하는 것 자체가 일상이 되어버린 나를 발견할 것이다. 의식적으로 도서관에 가서 공부하는 것은 힘들지만 이렇게 일상과 공부를 적절히 섞어서 하는 것은 크게 어렵지 않다.

시간관리는 공부의 시작

어떤 공부든 절대 공부시간을 늘리는 것이 시간관리의 핵심이다. 절대 공부시간이란 하루 24시간에서 자습에 투자한 시간만을 의미한다. 즉, 학원에서 공부한 시간이나 인터넷 강의를 들은 시간 등은 제외한다.

나는 절대 공부시간이 하루에 적어도 5시간 이상은 돼야 한다고 생각한다. 사실 고등학생이든 대학생이든 이것저것 하는 것이 많아 늘 바쁘다. 하루 24시간에서 학교수업을 8시간 듣고 잠을 7시간 자면 9시간만 남는다. 그리고 학원이나 대외적 활동을 하고 나면 남는 시간이 별로 없다. 그렇기 때문에 다른 시간을 떼어놓기 전에 자습하는 시간을 먼저 챙겨야 한다.

만약 스케줄상으로 하루 최소 5시간을 확보하기가 힘들다면 다른 시간을 줄이기보다는 자투리 시간을 활용할 것을 권한다. 한때 내 별명은 '하루를 48시간 사는 사나이'였다. 이동시간이나 휴식시간, 자기 전 60분과 아침에 일어나자마자 60분을 모두 긁어모아 공부에 사용했기 때문이다. 일단 자투리 시간을 계산해보면 굉장히 놀랄 것이다. 자투리 시간만 잘 활용해도 충분히 시험공부를 할 수 있다.

이동시간 하루 평균 2시간 + 자기 전에 낭비되는 1시간 + 아침에 일어나서 낭비되는 1시간 + 점심식사와 저녁식사시간 1시간 : 총 5시간

자투리 시간을 긁어모아보니 5시간이다. 놀랍지 않은가. 이 시간만 자습에 잘 활용해도 예습과 복습은 물론 실력향상을 위한 회독수 늘리기에 사용할 수 있다. 또한 여기에 별도로 자습시간을 몇 시간만 설정해두어도 충분히 공부를 할 수 있고 남들보다 더 숙달될 수 있다. 이렇게 3개월만 버텨내면 어마어마한 차이가 생긴다. 하루 5시간씩 한 달이면 150시간, 3개월만 해도 450시간이기 때문이다. 이 정도의 시간이면 내공을 쌓기에 부족함이 없다. 이제 시간이 없다고만 생각할 것이 아니라 시간을 만들어내자.

주관식과 객관식은 접근법이 다르다

객관식 공부	주관식 공부
1. 요약집과 문제집 모두 빠르게 눈으로 보면서 밑줄을 긋거나 메모 정도는 해도 괜찮지만 일일이 연습장에 적는 것은 비효율적이다. 2. 계산문제만은 연습장에 옮겨 적으면서 풀이과정을 익히는 것이 필요하다.	1. 평소 회독수를 높이는 과정에서는 책에 밑줄을 긋거나 메모하는 정도의 공부가 적당하다. 2. 답안작성 연습은 주기적으로 해야 하는데, 이때는 실전처럼 해답을 보지 않고 답안을 작성해야 한다. 3. 계산문제는 연습장에 적으면서 반복해서 숙달하는 것이 좋다.

어떤 시험을 준비하느냐에 따라 손을 쓰면서 공부하는 것이 효율적인 과목이 있고 빠르게 눈으로만 공부하는 것이 좋은 과목이 따로 있다. "손을 많이 쓰면 뇌가 활성화되므로 도움이 된다"고 일반화해서 이야기하는 것은 적어도 고시생들에게는 위험하다. 왜냐하면 일일이 손으로 적으면서 공부하기에는 지나치게 양이 많기 때문이다.

사실 계산문제가 많은 과목은 손을 쓰면서 연습장을 많이 쓸수록 유리하다. 수능 공부를 할 때 수학공부는 연습장에 쓰면서 공부하는 것이 더 잘되지 않던가. 그러나 읽어야 할 양이 많고 개념이 많은 과목은 밑줄을 긋거나 눈으로 읽으면서 공부해야만 회독수를 늘릴 수 있다.

다음에서 시험과 과목 유형별로 어떤 방법이 유리한지 알아보자.

1. 객관식 시험

객관식 시험은 따로 연습장에 적으면서 공부를 하는 것보다 눈으로 보고 해설에 밑줄을 그으며 공부하는 것이 효율적이다. 사실 객관식 시험은 답을 고르는 연습 자체가 눈으로 빠르게 보면서 반응적으로 이루어진다. 일일이 옮겨 적는 것 자체가 비효율적이다.
다만, 연습장을 쓰면 좋은 과목은 회계학이나 경제학처럼 계산문제가 있는 과목이다. 계산문제는 손을 쓸수록 중간과정이 남기 때문에 공부할 때 유리하고 머리에도 더 잘 남는다. 하지만 시험을 보기 직전 문제집을 통해 회독수를 높이는 과정이라면 문제집에 풀고 해설을 눈으로 보고 넘어가는 등 반응속도를 높이기 위해 되도록 손을 쓰지 않는 것이 좋을 수도 있다.

2. 주관식 시험

주관식 시험은 기본기를 쌓는 시기에는 최대한 기본서와 요약집에 밑줄을 긋고 메모를 하는 등 빠르게 넘기면서 공부하는 것이 좋다. 진도를 나가야 하기 때문이다. 그리고 양이 많기 때문에 처음 1회독은 강의를 듣거나 눈으로 빠르게 회독수를 높이는 편이 낫다. 그러나 학원 모의고사나 스터디그룹에서 실전연습을 할 때는 직접 손으로 답안을 작성하는 연습을 해보는 것이 좋다.

사실 눈으로만 보다가 직접 손으로 쓰려고 하면 생각보다 어렵다. 그래서 평소에 공부는 눈으로 하더라도 주기적으로 연습장에 실전연습을 해볼 필요가 있다. 주로 기출문제로 실전연습을 하는 것이 좋으며, 답지를 보지 않고 비록 소설을 쓰더라도 연습장을 끝까지 채우는 연습을 해야 한다.

계산이나 그래프를 그려보아야 하는 회계학이나 경제학 등의 과목은 문제풀이 연습 자체를 손을 많이 쓰면서 하는 것이 유리하다. 눈으로만 봐서는 문제풀이 과정에 숙달하는 데 한계가 있기 때문이다. 특히 이런 과목은 공부하는 초기부터 연습장을 많이 쓰면서 공부하는 것이 좋다.

객관식 시험의 요령

요구하는 물음을 제대로 파악하자.
나만의 기호표시를 개발해 두자.
문제 구성원리를 이해하고 문제에 접근해 보자.
출제자의 의도를 파악하는 연습을 해두자.
시험지 전체의 구조를 잘 훑고 문제풀이에 돌입하자.

객관식 시험을 출제하는 출제자는 5지선다형 또는 4지선다형을 구성하면서 다양한 함정을 숨겨놓는다. 우리가 가장 많이 빠지는 함정은 문제에서 요구하는 사항이 아니라 내 배경지식으로 짐작해서 푸는 오류다. 이런 실수를 하면 나는 잘 풀었다고 생각했는데 막상 가채점을 하면 다 틀리는 경험을 하게 된다.

1. 요구하는 물음을 제대로 파악할 것

객관식 시험에서 실수를 줄이려면 먼저 자기의 배경지식을 떠올리기 전에 문제에서 요구하는 물음을 잘 파악해야 한다. 계산문제의 경우에는 계산과정에서도 철저히 출제자가 물어본 물음에 충실한 답을 도출해야 한다. 나는 문제를 풀 때 주로 문제지의 빈 공간에 풀이과정을 쓰면서 실수를 줄였다. 그리고 쉽고 단순한 문제부터 푼 뒤 복잡한 문제는 더 물음에 집중했다.

2. 나만의 기호표시를 개발할 것

시험장에서 점수를 올리려면 자기만의 문제표시가 있어야 한다. 무조건 맞힐 것 같은 문제에는 동그라미를 치고 애매한 문제는 옆에 물음표를 표시해둔다. 또 전혀 모르는 문제는 그냥 X표시를 하고 빨리 넘어가야 한다. 그리고 나중에 물음표를 해둔 문제만 다시 검토하고 X표시를 한 문제는 마킹하기 전에 한 줄로 찍으면 된다.

3. 문제 구성원리를 이해하고 문제에 접근할 것

지문과 답의 구성원리를 알면 찍더라도 정답을 맞힐 수 있다. 주로 "반드시, 모두, 무조건, ~만" 하는 식으로 한정하는 단어가 나오면 그것이 답일 확률이 80%다. 나도 회계학 모의고사를 출제할 때 이런 식으로 해서 답을 만들 때가 많다. 확실한 답이라고 주장하면서 출제오류라고 이의를 제기하는 문제에서 자유롭기 때문이다.

4. 출제자의 의도를 파악할 것

출제자의 의도를 생각하며 문제를 풀어야 한다. 문제를 내는 사람은 문제 푸는 사람이 최대한 틀리기를 바란다. 그래서 답인 것 같은 매력적인 오답을 하나 정도 만들어서 지문으로 제시한다. 평소에 문제를 풀면서 이 매력적인 오답을 피하는 기술을 생각해보는 연습이 필요하다.

5. 시험지 전체의 구조를 훑고 문제를 풀 것

시험장에서 시험지 전체의 구조를 알고 문제풀이에 돌입해야 한다. 시험지를 받자마자 문제를 푸는 것은 어찌 보면 출제자의 함정에 빠지는 길이다. 어려운 문제를 앞에 배치하는 것만으로도 시험점수를 떨어뜨릴 수 있다는 연구도 있다. 그렇기 때문에 문제 순서에 영향을 받지 않기 위해서라도 전체 문제와 주제를 훑어보고 자신 있는 문제부터 푸는 것이 중요하다. 쉬운 문제, 짧은 문제, 계산이 필요 없는 문제부터 푸는 것이 고득점의 비결이라는 사실을 명심하자.

주관식 시험의 요령

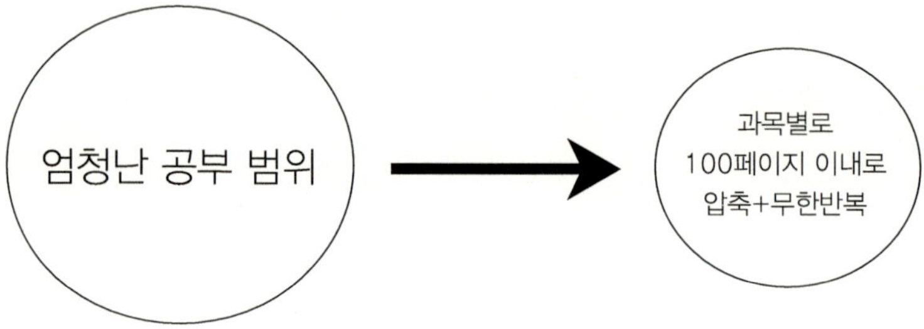

나는 주관식 공부를 할 때는 아는 것을 늘려야 한다는 생각을 버린다. 그 대신 앞에서 한 것처럼 공부해야 할 범위를 확정하고 그 한정된 범위 안에서 모르는 것이 없을 때까지 공부한다.

정해진 분량과 범위 안에서 공부계획을 세우는 일은 매우 중요하다. 많은 수험생이 아는 지식을 한없이 넓히는 것이 수험생활이라고 착각한다. 단언컨대, 이런 식으로 생각하고 공부하면 단기간에 합격할 수 없고 잘못하다가는 장수생이 될 것이다.

주관식 시험은 물어보는 것에 대해 단숨에 목차를 잡고 써 나가야 한다. 그러려면 단박에 튀어나올 만큼 아는 내용이 구조화되고 숙달돼 있어야 한다. 양을 계속 늘려나가면 순간적으로 내용을 출력하는 것이 어려워진다. 아는 게 많을수록 답안을 작성하는 데도 시간이 많이 걸리는 것이다.

나는 양을 줄이고 또 줄이면서 그 범위 안에서는 모르는 게 없을 정도로 완벽하게 공부했다. 완벽하게 안다는 것은 말로 떠들 수 있고 다양하게 응용할 수 있는 수준을 말한다. 내가 감정평가사시험이나 손해사정사시험에서 1년이라는 단기간에 합격할 수 있었던 비결이 바로 이것이다. 공인회계사시험도 마찬가지였다.

범위를 줄이고 반복하면서 그 깊이를 늘리는 것.

이것이 내 공부법의 핵심이다. 같은 맥락에서 시험공부 계획은 하루에 몇 시간씩 할지 고민하기보다는 정해진 범위 안에서 얼마나 완벽하게 할지 그 방법을 고민하면서 짜야 한다.

성적은 높을수록 좋은가

성적이 높을수록 좋은가? 당연히 '예스'라고 대답하는 사람이 많을 것이다. 그러나 고시 수험계에서는 문 닫고 들어가는 것을 미덕으로 삼았던 시절이 있다. 강사들마다 고르게 점수를 받아서 최소한의 노력으로 단기간에 합격하는 게 좋다고 말할 정도였다. 실제로 과락만 간신히 넘겨서 합격한 수험생들이 생각보다 많다.

그런데, 생각보다 그들은 실제로 최소의 노력을 투입했다고 하기에는 지나치게 노력했고 평소에 모의고사 성적이 높았다. 시험에 일찍 붙을 자격이 있다고 인정할 정도로 노력파였던 것이다. 그들도 나름 모의고사를 볼 때 마다 상위권에 오르기 위해서 피나는 노력을 했다. 간신히 붙었다는 이야기는 10%정도의 합격률에서는 상위 10%안에는 들었다는 이야기다. 그들은 정말 최선을 다 한 것이다. 무시해서는 안 된다.

나는 시험성적은 높을수록 좋다고 생각한다. 이왕이면 수석을 목표로 공부해야 간신히 합격이라도 할 수 있는 것이 '시험'이다. 최소의 노력으로 합격할 수 있는 시험은 운전면허 이외에는 없다. 특히 고시라고 불리는 어려운 시험에서 조금만 공부하고 붙겠다는 생각은 버리는 것이 바람직하다. 이런 마인드로는 절대로 합격할 수 없기 때문이다. 오히려 남들이 하지 못할정도로 노력해서 모든과목에서 최고의 기량을 내겠다는 각오를 가지는 것이 빠르게 합격하는 지름길이다.

그런 의미에서 성적은 고고익선이다.

내 목표성적은 만점에 가까워야 한다. 그렇다고 지나치게 꼼꼼하게 한글자도 틀리지 않겠다는 소심함은 버리는 게 낫다. 대범해지되 노력은 수석을 할 정도의 노력을 기울이자는 이야기다.

옆의 친구가 밤 10시에 도서관을 나가면 나는 불을 끄고 나간다는 생각으로 버텨야 한다. 나도 한때는 다른 학생들이 다 집에 갈 때 까지 남아서 자습을 했다. 자습실의 불을 끄고 집에 가고 새벽에 일어나서 제일먼저 앞자리에 앉아서 공부했었다. 이때가 학원 종합반에 다니던 때였다.

이렇게 3개월 하다 보니 자연스럽게 모의고시 성적이 상위권에 들었고 회계사 시험 종합반이 종강할 무렵 1등까지 경험했다. 그렇다. 그냥 최고점수를 받겠다는 생각으로 공부해야 합격하는 것이 대부분의 시험이다.

가장 쉬운 것부터 시작

도전을 거창하게 생각하는 사람이 많다. 우리가 태어날 때부터 뛰어다녔는가? 갓난 애기는 기어 다니다가 차츰 넘어지면서 걷기 시작한다. 걷다보면 근육이 발달하게 되고 요령이 생기면서 뛸 수 있게 된다. 어떤 일을 도전함에 있어서도 마찬가지다. 처음에는 힘들고 어려운 일이 아닌 가장 쉽고 빨리 할 수 있는 일부터 시작해야 한다.

"하나의 자신감은 하나의 성공을 가져오고, 열의 자신감은 열의 성공을 가져온다."

이 말을 나는 무척 좋아한다. 그런데, 자신감은 하늘에서 떨어지는 것이 아니다. 가장 쉬운 일 하나를 완벽하게 해냈을 때 나도 할 수 있다는 느낌이 온다. 이것이 자기존중감으로 이어지고 자신감을 가져다 준다.

이렇게 하나의 일을 해내고 자신감을 얻게 되면 보다 다른 일에도 도전하게 되고 또 다른 성취는 다른 성공으로 이어지게 된다. 이를 경제학에서는 '벤드웨건효과'라고도 한다. 처음에는 사소한 일이라도 계속적으로 성공할수록 그 성취 노하우는 쌓이게 된다. 그럼 내 능력에 맞게 보다 어려운 일도 유사하게 해낼 수 있게 된다.

나도 이와 유사한 경험을 많이 했다. 나는 고등학교 3학년으로 올라가기 전까지는 '공부'를 제대로 한 적이 없다. 그때까지 벤처기업을 성공시키려고 학교 공부는 최소한도 내에서만 했고 모든 에너지를 벤처기업 데모닉스의 제품개발에 쏟았다. 당연히 수능 모의고사를 보면 6등급 내지 7등급이 나오곤 했다. 당시 야구부 체육특기자들이 있었는데 이친구들의 성적이 7등급이었다. 그러니 나는 거의 꼴지에 가까운 성적이었던 것이다.

막막했다. 나는 우선 가장 자신이 없었던 영어성적부터 올려야 했다. 그래서 시작한 것이 초등학생들이 보는 그림책 '리딩튜터'를 읽고 문제를 푸는 것이었다. 주변 친구들은 나를 보면서 매일 '초딩'이라고 놀렸지만 나는 굴하지 않았다. 옛날부터 가장 쉬운 것부터 시작해서 하나씩 쌓아야 된다는 믿음 때문이었다. 그런데 3개월 뒤에 놀라운 일이 일어났다. 전국모의고사에서 3등급까지 올렸다. 그리고 실제 수능시험에서는 1등급을 받을 수 있었다.

어떻게 이게 가능했을까. 그 비결은 자신감에 있었다.

처음에는 초등학생용 리딩튜터를 읽고 테이프를 들으면서 따라했다. 일주일 만에 초등학교 전 과정을 모두 마칠 수 있었고 자신감도 상승했다. 그 다음 중학생용 리딩튜터 3권과 응용문제편 3권을 사서 일주일동안 다 끝내는 것을 목표로 달렸다. 총 6권을 모두 읽고 단어를 두 세번 읽으면서 암기하고 문제를 푸는데 예상보다 오래 걸렸지만 열흘 만에 다 마칠 수 있었다.

그다음에는 고등학생용 리딩튜터를 비슷한 방식으로 모두 풀고 정리했고 나는 자신감이 충만한 상태에서 한달 만에 남들과 같은 세로로 넘기는 EBS 모의고사를 풀 수 있었다. 딱 한 달만 더 영어에 투자하자는 생각에 이틀에

얇은 문제집 한권씩 푸는 것을 목표로 했고 수능문제집 약 15권을 단기간 내에 모두 풀 수 있었다. 놀라웠다. 이때부터 자체 모의고사에서 90점 이상이 나오기 시작했다.

수학도 같은 방식으로 중학생용 개념원리에서 시작해서 고등학생용 수학의 정석과 EBS로 넘어갔다. 영어처럼 수학도 문제집을 단기간에 10권 정도를 풀었다. 다른 과목들도 이와 같이 가장 쉬운 책에서 시작해서 어려운 책으로 넘어가는 식으로 공부한 결과 최종적으로 수능에서 대부분 과목에서 1 ~ 2등급을 받을 수 있었다.

이처럼 자신감은 우리에게 놀라운 결과를 가져다준다. 학교나 직장에서 매우 큰 역할을 한다. 성공하거나 스펙이 화려한 사람들 대부분은 자신에 대한 기대치를 높이고 자신감을 통해서 불가능을 가능으로 바꾸어 놓은 사람들이다.

내가 이런 말을 하면 다들 큰 의문을 품는다. 가장 쉬운 것부터 시작하면 그 시간이 아깝다는 것이다. 심지어 이런 사람들은 어려운 것부터 해야 빨리 실력을 만들 수 있다고 생각하기도 한다. 그런데 나는 쉬운 일부터 시작해서 실력을 쌓아가는 것이 오히려 시간을 단축할 수 있는 지름길이라고 말한다.

어려운 것부터 시작하면 필연적으로 좌절을 경험하게 된다. 아무리 천재들도 처음부터 능숙하게 어려운 문제를 해결할 수 없다. 좌절을 겪게 되면 하기 싫어지고 재미도 없어진다. 결국 부정적인 악순환을 통해 목표에 도달하기 전에 포기하게 될 가능성이 높다.

지금 하고 싶은 일이 있는가. 그럼 가장 쉬운 일을 성공으로 이끌어 보라. 그럼 더 어려운 일에서도 성공을 맛볼 것이다.

제2장

직업 : 평생 직업을 위한 스펙

'취업'이 아니라 '직업'

스펙은 취업할때만 써먹고 버리는 것이라고 착각하는 사람들이 많다. 그러나 스펙은 취업 이후에 진급을 하거나 고객을 개척할 때에도 지속적으로 쓰인다. '나' 자신이 하나의 브랜드로 불리는 시대에 살고 있는데, 그 브랜드 역시 스펙이라는 객관적 지표를 결합하여 형성되는 산물이다. 스펙은 취업이라는 일시적 사건이 아닌 평생 직업을 위해서 설계해야하는 이유가 여기에 있다.

경제가 어려워질수록 경쟁은 치열해 진다. 최근에 청년 실업률이 급상승 했고, 구조조정의 칼바람도 거세게 불어오고 있다. 경제성장이 저성장 기조로 돌아서면서 더 이상 취업을 해서도 안전한 직장은 없게 되었다. 전 세계적으로도 기업의 평균 수명이 20년을 넘기지 못하는 것을 보면 더 이상 '취업'만을 위한 스펙은 100세까지 살아야 하는 우리에게 의미가 없다.

취업은 어떻게 보면 스펙의 한 부분을 차지하는 것 그 이상의 의미가 없다. 회사가 내 인생을 보장해 주지도 못하고 내가 퇴직을 하거나 회사가 망하면 그것으로 끝이다. 앞으로는 취업을 해서 다른 회사를 알아봐야 하는 경우가 더 많을 것이다. 끊임없이 이직을 하면서 자신의 인생을 설계해 나가지 않으면 안되는 시대가 온 것이다. 이럴 때일수록 '취업'보다는 '직업'에 집중해야 한다.

'취업'은 어떤 회사에 갈지에 대한 고민인 반면 '직업'은 '어떤 일을 할지'에 대한 고민이다. 회사의 수명은 길어봐야 20년이고 내가 회사에서 버틸 것을 고려하면 공무원을 제외한 모든 사람이 정년까지 기대하기에는 무리가 있다. 그런데, 직업은 어떤 회사에 가든 평생 내가 할 수 있는 '업(業)'이다. 즉, 평생에 걸쳐서 할 수 있는 일인 것이다. 내가 가진 전문성과 경험을 나타내는 것이 '직업'이다. '직업'은 내가 가진 역량과 스펙으로 입증되는 것이며, 이를 필요로 하는 회사를 선택하며 평생 일을 하면서 살 수 있도록 미리 스펙설계를 해두어야 행복한 인생을 설계할 수 있다.

그럼 나의 행복을 위한 '직업'을 어떻게 만들어야 할까? 그것을 만드는 과정이 스펙설계이다. 스펙은 직업에 대한 역량을 세분화 하여 객관적으로 입증하는 증거와 같다. 많은 사람들이 자신의 "학교, 학점, 어학성적, 봉사활동"이 대표적인 항목이라고 말한다. 그런데, 방금 나열한 것은 스펙에서 아주 작은 부분에 해당한다. 실제로 대부분의 대학생들에게 설문조사를 하면 위에 나열된 스펙만 쌓으면 된다고 생각한다. 이렇게 되면 기업에서 원하는 스펙을 쌓지도 못할 뿐만 아니라 평생 직업을 만드는 건 불가능하다. 여기에는 '직업'을 위한 스펙이 빠져있기 때문이다.

오히려 기업의 인사담당자들에 대한 설문조사를 해보면 위에 나열된 스펙은 최소조건만 만족하면 크게 보지 않는다고 한다. 인크루트나 잡코리아에서 조사한 바에 따르면, 가장 많이 보는 스펙으로 "직무와 관련된 경험, 관련분야 전공, 업무관련 자격증"을 꼽았다. 오히려, 학점, 영어성적, 봉사활동 등은 큰 비중을 차지하지 않았다. 학점, 영어, 봉사활동에 투자하는 학생들의 심리는 간단하다. 수많은 경쟁자들이 이 점수에 목을 매는데 나만 안하면 뒤쳐진다는 불안감 때문이다. 이런 불안감을 해소하는 것은 뒤에 설명할 몇 가지 방법으로 스펙을 유기적으로 설계하고 확신을 가지는 길이다.

이 책은 '취업'을 어떻게 하면 잘할 수 있는지에 대한 책이 아니다. 오히려 남들이 좋다고 하는 대기업이나 공기업에 취업만 하면 된다는 사람은 이 책을 통해서 단기간에 목표를 달성할지는 미지수다. 다만, 100세까지 살아야하는 시대에 당장은 남들보다 늦을 수 있어도 훨씬 오랫동안 자신의 '직업'에서 성공할 수 있는 힘을 길러주는 책은 될 수 있다.
'평생직업'을 만들고 업으로 성공을 하기 위해서는 내가 좋아하는 일이 무엇인지 찾는데서 시작해야 한다. 그러려면 어떤 직업이 있는지 알아야 하지 않겠는가? 뒤에서 설명하겠지만, '직무'와 '직업'에 대한 정보를 간단하게 맛보고 무식하고 용감하게 실행에 옮기고(Act), 목표를 세우고(Goal setting), 목표를 달성하고(Actualize goal), 전문화하고(Professionalize), 경력을 관리(Experience)하면 된다.

구체적으로 직무와 직업에 대해서 간단하게 살펴보는 방법을 미리 보여 줄테니 웹사이트에 들어가서 반드시 찾아보기 바란다. 이 작업을 하지 않으면 여러분은 반드시 방황하게 되어 있다. 맨 뒤에서, 취업과 직업 챕터에서 자세하게 설명할 내용이지만 먼저 보고 가면 좋을 것 같아서 소개한다.

1. 잡이룸(www.joberum.com)사이트를 이용한 직무분석

잡이룸이라는 사이트에는 각 직무별로 간략한 소개와 세부적인 업무, 직무역량이 자세히 나와 있다. 자신의 적성에 맞는 직무를 찾도록 도와주는 시스템도 갖추고 있으니 이용해 보면 도움이 될 것이다. 구체적인 과정을 소개하면 다음과 같다.

(1) 잡이룸 사이트에 접속한다. 홈페이지가 아래와 같이 뜬다.

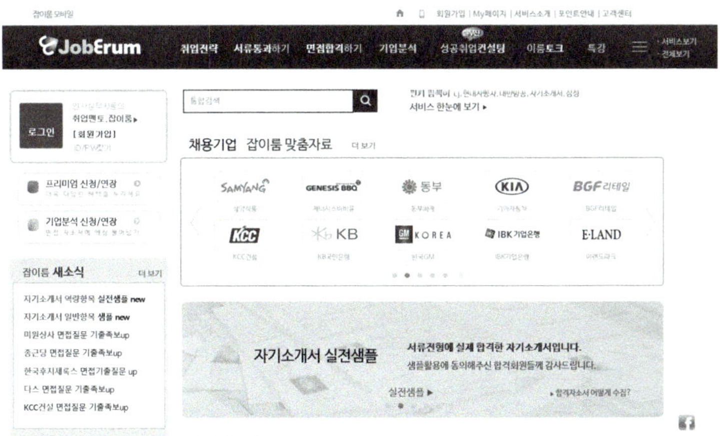

(2) 홈 화면 우측 아래쪽에 있는 직무사전으로 들어간다.

(3) 잡이룸 직무사전이 뜨고 하단에 직무요약표에 각 직종별로 직무가 나열되어 있다. 그 직무 중에 궁금한 직무를 클릭하면 해당 직무에 대한 정보 페이지로 넘어간다.

(4) 직무요약표에서 마케팅, 상품개발 직무를 클릭해 보겠다.

(5) 그러면, 직무개요와 주요업무가 뜬다. 주요업무에서는 하는 일에 대한 소개 뿐만 아니라 면접에서 자주 나오는 질문에 대해서도 몇까지 팁을 준다.

› 영업.유통직 〉 **마케팅.상품개발**

› 직무내역 | **필요역량** | **직무비전**

› 인쇄

▍ 직무개요

- 시장환경을 분석하여 마케팅 전략을 수립하고 전개합니다.
- 새로운 상품을 기획.개발하여 회사의 매출신장과 수익률 제고에 기여하는 역할을 합니다.
- 주요업무로 시장조사/분석, 마케팅 전략수립, 마케팅 활동 및 성과관리,MD,BM등의 업무를 수행합니다.

▍ 주요업무

□ 시장 조사/분석

마케팅전략을 수립하기 위해 고객, 경쟁사, 시장환경에 대해 조사하고 분석합니다.
-시장에서 고객의 니즈,특성,트렌드 등을 조사하고 이를 바탕으로 수요를 분석, 예측합니다.
-경쟁사 및 경쟁 상품의 동향를 파악하고, 자사의 전략과 상품에 있어 경쟁우위와 차별화 요소를 분석합니다.
(매출추이,디자인,기술,자금 수준등)

□ 마케팅 전략수립

시장분석자료를 바탕으로 고객만족과 판매와 브랜드가치를 극대화할 수 있는 마케팅 믹스전략*을 수립합니다.
*[참조]마케팅 믹스 전략(4Ps 전략)
마케팅 믹스는 마케팅의 4P(Product, Place, Promotion, Price)를 적절히 조합하는 전략수립 활동입니다.
1) 시장에 제공하는 상품의 특성(Product;상품전략),
2) 상품이 고객에게 전해지는 유통경로와 목표시장(Place;판매전략),
3) 광고와 이벤트를 포함한 효과적인 판매촉진방법(Promotion;판촉전략),
4) 경쟁력있는 가격(Price;가격전략)을 각각 기획하고 결정하는 활동입니다.
이러한 4P 각 요소들이 최적의 조건으로 믹스되었을 때 고객만족을 실현하고 판매를 극대화할 수 있으며 4P중 하나의 요소가 바뀌면 나머지 요소 모두에 영향을 미치는 상호보완적인 관계라고 할 수 있습니다.

□ 마케팅 활동 및 성과관리

수립한 마케팅 전략을 토대로 그 전략을 실현하기 위한 마케팅 활동계획(Action Plan)을 수립합니다.
또한 관련부서와 협업하여 마케팅활동이 원활히 전개될 수 있도록 조정/지원합니다.
특히 시장에서 실제로 마케팅활동이 효과적으로 실행될 수 있도록 영업부서와 지속적으로 협의하고 지원합니다.
이러한 마케팅 활동을 전개한 후에는 비용대비 효과측정을 포함한 종합적으로 성과를 분석하여 향후 마케팅전략에 반영합니다. 이러한 활동들은 회사의 매출신장과 수익율 제고에 직접기여하는 역할을 합니다.

☞여기서 잠깐, 면접에서도 자주 질문되는 마케팅과 영업과의 관계에 대해 정리해보겠습니다.
Q. **마케팅과 영업은 어떻게 다르며, 어떤 관계인가요?**
A. **결론부터 말씀드리면 마케팅과 영업은 전략과 실행의 관계입니다.**
마케팅이 시장에서 상품이 잘 팔릴 수 있도록 全단계에 걸친 영업활동을 기획하는 일이라면
(시장조사를 시작으로 개발/생산에서부터 판촉, 최종 판매까지의 모든 단계를 기획)
영업은 그 기획을 바탕으로 시장에서 해당 상품이 실제로 팔릴 수 있도록 최종 판매를 실행하는 일을 합니다

(6) 상단에 직무내역 우측의 '필요역량'을 클릭하면, 이 직무를 수행하기 위해 필요한 주요 역량과 자격증, 이 역량이 왜 필요한지 까지 나온다.

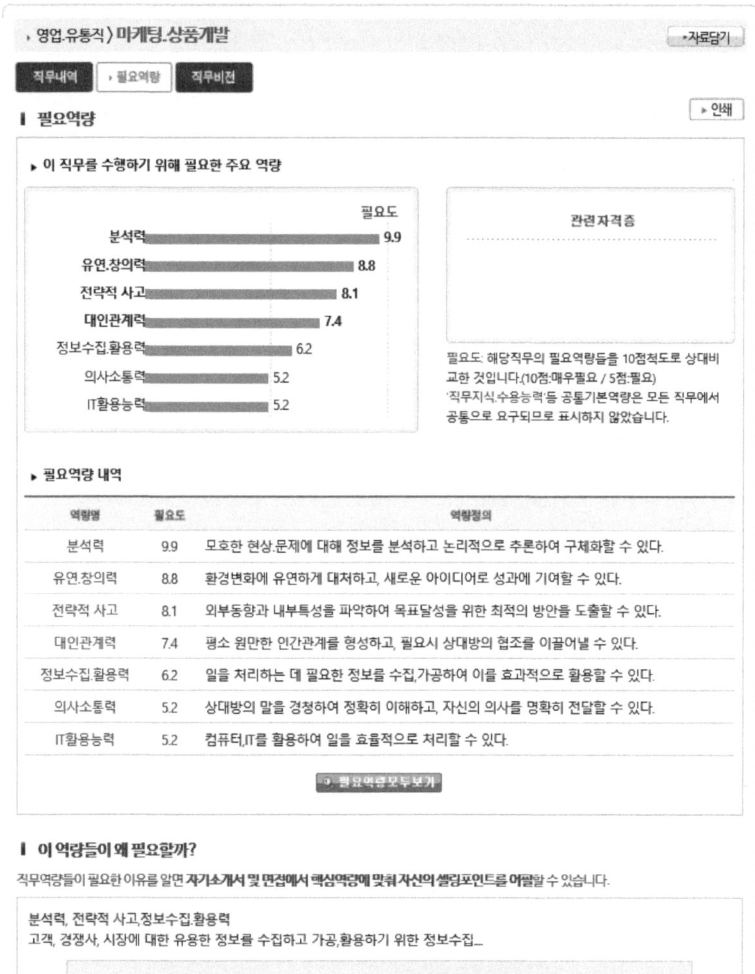

› 영업.유통직 〉 마케팅.상품개발

·자료담기

직무내역 | › 필요역량 | 직무비전

▸ 인쇄

필요역량

▸ **이 직무를 수행하기 위해 필요한 주요 역량**

필요도

역량	필요도
분석력	9.9
유연.창의력	8.8
전략적 사고	8.1
대인관계력	7.4
정보수집.활용력	6.2
의사소통력	5.2
IT활용능력	5.2

관련자격증

필요도: 해당직무의 필요역량들을 10점척도로 상대비교한 것입니다.(10점:매우필요 / 5점:필요)
'직무지식.수용능력'등 공통기본역량은 모든 직무에서 공통으로 요구되므로 표시하지 않았습니다.

▸ **필요역량 내역**

역량명	필요도	역량정의
분석력	9.9	모호한 현상.문제에 대해 정보를 분석하고 논리적으로 추론하여 구체화할 수 있다.
유연.창의력	8.8	환경변화에 유연하게 대처하고, 새로운 아이디어로 성과에 기여할 수 있다.
전략적 사고	8.1	외부동향과 내부특성을 파악하여 목표달성을 위한 최적의 방안을 도출할 수 있다.
대인관계력	7.4	평소 원만한 인간관계를 형성하고, 필요시 상대방의 협조를 이끌어낼 수 있다.
정보수집.활용력	6.2	일을 처리하는 데 필요한 정보를 수집,가공하여 이를 효과적으로 활용할 수 있다.
의사소통력	5.2	상대방의 말을 경청하여 정확히 이해하고, 자신의 의사를 명확히 전달할 수 있다.
IT활용능력	5.2	컴퓨터,IT를 활용하여 일을 효율적으로 처리할 수 있다.

필요역량모두보기

이 역량들이 왜 필요할까?

직무역량들이 필요한 이유를 알면 **자기소개서 및 면접에서 핵심역량에 맞춰 자신의 셀링포인트를 어필**할 수 있습니다.

분석력, 전략적 사고,정보수집.활용력
고객, 경쟁사, 시장에 대한 유용한 정보를 수집하고 가공,활용하기 위한 정보수집...

(7) 직무비전 탭을 클릭하면, 직무에 대한 비전과 전망을 볼 수 있다.

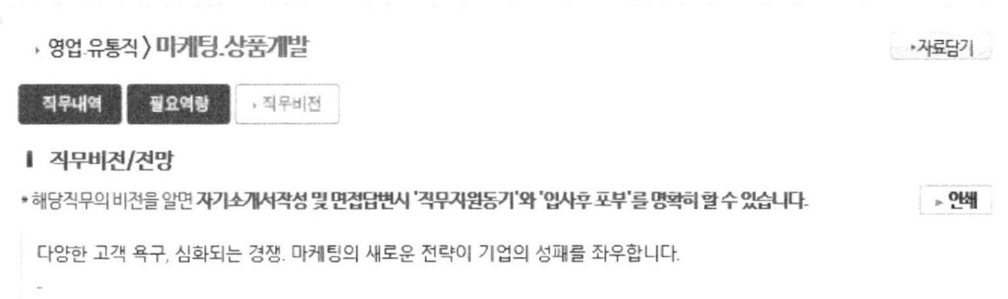

잡이룸 사이트를 통해서 직무에 대한 전반적인 정보를 수집하고 자신이 관심을 가지고 있는 직무에 대한 역량에 맞게 스펙을 준비하면 된다.

2. 워크넷(www.work.og.kr) 한국직업정보시스템을 활용한 직무분석

(1) 워크넷 사이트에 접속한다. 직업, 진로 메뉴를 클릭한다.

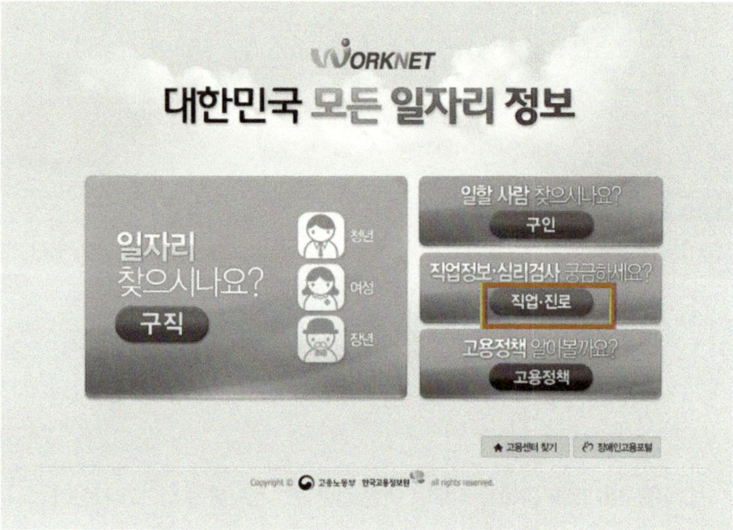

(2) 상단에 직업정보 메뉴를 클릭한다.

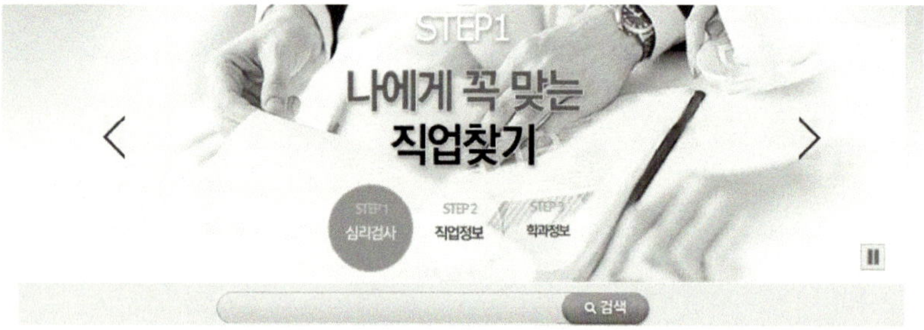

(3) 직업정보시스템에서 아래 관심이 있는 분류를 클릭한다.

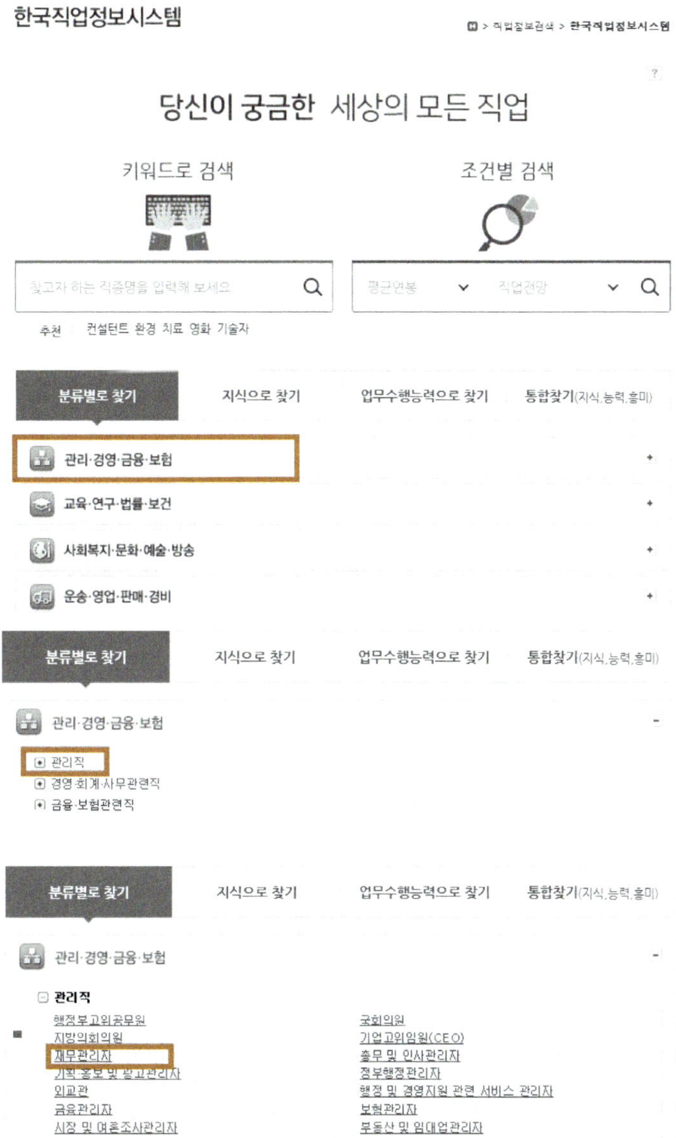

(4) 해당직업에 대한 상세한 정보가 뜬다. 하는 일, 교육/자격/훈련, 임금/직업만족도/전망, 능력/지식/환경, 성격/흥미/가치관 등 자세한 정보가 있으니 직업에 대해서 찾아보고 스펙설계에 대한 계획을 세우면 좋다.

한국직업정보시스템

> 직업정보검색 > 한국직업정보시스템

관리·경영·금융·보험 > 관리직 > 재무관리자

요약인쇄 | 전체인쇄 | 찜하기

재무관리자

요약하기 | 하는 일 | 교육/자격/훈련 | 임금/직업만족도/전망 | 능력/지식/환경 | 성격/흥미/가치관

하는일	기업 또는 단체 내부의 예산, 회계 및 재정업무와 재무상황 평가, 예산편성 및 각종 재정운용을 감독하고 재정정책 수립에 참여하는 등 재무부서의 운영을 기획, 지휘 및 조정한다. 민간부문 회사와 정부의 재무, 회계, 경리 및 자금 부서 등에 고용된다.		
교육/자격/훈련	**관련학과**	**관련자격**	**훈련정보**
	금융·보험학과 세무·회계학과	CFP(외국)	경영지원 관리자
임금/직업만족도/전망	**임금**	**직업만족도**	**전망**
	하위(25%) 4,626만원 평균(50%) 6,028만원 상위(25%) 7,308만원	46%	증가(14%) 현상유지(42%) 감소(44%)
능력/지식/환경	**업무수행능력**	**지식**	**환경**
성격/흥미/가치관	**성격**	**흥미**	**가치관**
	스트레스 감내성(59) 사회성(54) 꼼꼼함(44) 신뢰성(36) 책임과 진취성(35)	관습형(Conventional)(94) 진취형(Enterprising)(77)	신체활동(86) 자율(84) 애국(65) 심신의 안녕(62) 고용안정(54)
일자리 현황	재무 및 회계·경리 부서장(관리자)		
관련직업	총무 및 인사관리자 정부행정관리자	기획·홍보 및 광고관리자 행정 및 경영지원 관련 서비스 관리자	금융관리자 / 보험관리자 시장 및 여론조사관리자 / 부동산 및 임대업관리자

해당 직무에 대한 자세한 정보를 수집하고 직업마다 공통되는 스펙을 우선적으로 개발하고, 내가 정말 하고 싶은 업무에 맞는 스펙은 구체적으로 설계하여 자격증, 학위, 경력을 만들어 가면 시행착오를 줄일 수 있다.

나도 참 오래 걸렸다. 고등학교를 졸업하자마자 취업해서 IBM이나 외국의 유명 회사에 취업하여 잘나가는 친구도 있고, 내가 고시 공부하는 동안 대학을 칼 졸업하고 벌써 대기업에 자리잡은 친구도 있다. 그리고 사회적 기업을 창업해서 CEO로 활약하는 친구도 있고, 한국은행에 입사하여 자부심을 가지고 다니는 친구도 있다.

그 친구들에 비하면 당장은 내가 늦다. 나는 창업, 대기업, 개업, 학원 강사를 두루 경험했고 지금은 군대에 장교로 있기 때문이다. 아직도 준비기간이라고 볼 수 있다. 다만 100세까지 내 분야에서 일할 수 있는 탄탄한 스펙을 만들어 놓았다고 자부할 수 있다. 대기업이나 금융권에 간 친구들이 가끔 이직을 준비하거나 불안함을 느낄 때 나는 오히려 여유가 있을 수 있었다. 장기적인 안목으로 설계한 스펙 덕분이다.

스펙 때문에 꿈을 접지말자

90년대만 하더라도 스펙이라는 개념조차 무색할 정도로 이력서와 학력정도만 보고 채용이 이루어졌다. 30년이 지난 지금은 갈수록 경제 환경도 복잡해지고 있고, 기업들도 다양한 스펙을 요구하고 있다. 오죽하면 정부에서 스펙 좀 그만 따지라고 탈스펙 정책을 내놓겠는가. 스펙이 필요하다면 내가 행복할 수 있는 분야에서 꿈을 위해 적극적으로 설계할 필요가 있다.

일반적으로 꿈을 꾸기에는 요즘 사회가 너무 바쁘고 힘들다고들 한다. 청년들은 스펙 관리하느라 자기가 원하는 일을 못한다는 것이다. 원하는 회사에 들어가는 것은 바늘구멍이고, 창업은 불확실하다. 결국에는 많은 청년들의 꿈이 공무원인 사회가 되어 가고 있다.

그런데 많은 청년들이 아이러니하게도 자기가 정말 하고 싶은 일을 위한 스펙을 만들 생각은 안한다. 그냥 학점, 토익성적, 대외활동을 높이기 위해서 정말 꿈을 위한 스펙에는 노력을 기울이지 않는다. 이런 게 스펙관리가 아니다. 스펙의 노예가 되는 것이다. 스펙 때문에 꿈을 포기한다는 말은 결국에는 꿈이 없다는 말과 같다.

꿈이 없는 곳에는 행복도 있을 수 없다. 우리가 행복한 삶을 살기 위해서는 필연적으로 고통스러운 과정을 미리 겪어야 한다. 나는 그게 청년일 때 확실하게 가꾸는 '스펙'이라고 본다. 학점과 토익점수는 일정수준만 넘기면 된다. 정말 필요한 것은 내 꿈이 담긴 스펙관리다. 그리고 그 스펙이 "내 꿈은 이것입니다"라고 말해주어야 한다.

 내 꿈은 어릴 때부터 지금까지 '기업가' 혹은 'CEO'다. 그러면 사람들은 묻곤 한다.

"지금 회계사잖아요.", "군인 아니신가요?"

"이번에 감정평가사 취득하셨던데... 그냥 전문직 하시려는 거 맞죠?"

그런데, 기업가나 CEO는 어떤 분야에서든 내가 주도적으로 나의 비즈니스를 하는 사람이라고 생각한다. 지금은 CEO가 아니다. 그래서 꿈이라고 말하는 것이다. 우리는 100세시대에 살고 있다. 나는 전문직 업무를 더 익히고 경력을 쌓고 전문적인 영역에서 은퇴를 하고서라도 CEO에 도전할 것이다. 그에 걸 맞는 스펙을 만들어 왔고 앞으로도 만들어 갈 것이다.

 나는 공인회계사가 되기 위해 3년 동안 스트레스 속에서 세 번의 1차 시험 낙방을 경험했고, 연세대학교 경제학과에 입학하기 위해서 수능을 세 번 봐야 했다. 벤처기업 데모닉스를 설립하기 위해서 3년간의 아르바이트와 시행착오를 경험했다. 번번이 시험에 떨어질 때는 가족들에게 미안한 마음 때문에 방에서 혼자 울기도 많이 울었다. 중학생 시절 사업을 배우겠다고 가출해서 부천시 원미구 벤처센터에서 도전했던 벤처 창업당시 겨울방학 내내 잠들 때 소리 없이 울었다. 내게 과거는 힘든 기억이 대부분이다.

몇 년 전 공군장교 훈련 3개월 동안 나의 한계와 마주했을 때, 가족과 사랑하는 사람을 그리워하면서 매일 눈물을 흘린 기억이 난다. 장교 임관하고 교관이 되어 임무를 수행하는 와중에도 포기하지 않고 감정평가사 시험을 준비했다. 맹장이 터져서 응급실에 실려 갔고 갑작스러운 과정신설과 교본신설로 야근을 밥먹듯이 하면서도 감정평가사시험 합격을 이루어 냈다. 합격자 발표를 보고 또 많이 울었다. 나는 울보인가 보다. 눈물 흘릴 때마다 내 발자취로 스펙을 남기곤 했다. 내가 원하는 한 방향을 위한 치열한 전쟁의 결과가 '스펙'으로 남은 것이다.
스펙은 나의 고생과 아쉬움, 열정과 슬픔, 자신감과 열등감.. 나에 대한 모든 것을 담고 있다.

단순히 경쟁을 위한 스펙을 만들기 위해서 꿈을 포기하는 것만큼 불행한 것은 없다. 남들보다 조금 더 앞서기 위해서 자기 적성과 상관없는 활동을 억지로 하는 사람이 많다. 이 책은 내가 약 15년 동안 고생해서 얻은 삶의 결과물이 녹아 있다. 내 스펙은 남들과 확실히 다르다. 나의 스펙은 어릴 때부터 벤처창업을 하고 공부를 하고 내가 꿈꾸는 일을 위한 치열한 고민의 기록이다.

나는 스펙을 만들어온 과거를 돌아보면서 내 스펙을 돌아보았다. 이 책은 내가 스펙을 만든 과정에서 몇 가지 원리를 뽑아서 집필하였다.

이 책에 자기의 꿈이 담긴 스펙을 만드는 순서와 방법들을 실었다. 따라서 하다보면 꿈을 달성하기 위해서 어떤 노력이 필요한지 보일 것이다. 계속 하다보면 꿈으로 이끌어줄 스펙이 만들어 진다. 그 결과 미래에는 가슴 뛰는 일을 하면서 살게 될 것이다.

남들과 똑같은 스펙관리는 No

남들이 학점과 영어에만 매몰되어 있다면 나도 그만큼 해야한다는 생각을 한 번 쯤 놓아보자. 남들보다 조금 못해도 취업이나 내가 원하는 직업에서 최소한 요구하는 정도만 채웠다면 나를 더 잘 어필할 수 있는 스펙을 개발하여 무기를 만드는 것이 중요하다.

대학생들이 가장 많이 하는 오해가 있다. 바로 남들보다 학점이나 영어성적이 좋아야 한다는 믿음이다. 물론, 기업에서 인재를 채용할 때 학벌이나 학점, 영어성적을 본다. 나는 이런 점수들이 중요하지 않다고 말하는 게 아니다. 취업을 준비할 때 그 기업에서 요구하는 최소한의 기준만 맞추면 된다는 이야기를 하는 것이다.

요즘 취업준비생들은 학점은 높을수록 좋다고 생각하고 영어성적도 900점을 넘기려고 엄청난 노력을 투자한다. 그런데 막상 좋은 곳에 취업한 사람들을 보면 평균학점과 영어성적이 생각만큼 높지 않다. 만점에 가까워야 할 필요가 없는 것이다. 지원자는 기업이 원하는 점수의 최소기준만 맞추면 나머지는 정말 기업에 원하는 인재인지 다른 요소를 고려해서 판단한다.

토익이나 학점에서 만점 받을 노력과 시간을 내가 원하는 분야의 경험이나 활동에 투자하면 더 다채로운 스펙과 스토리를 만들 수 있다. 남들과 같은 차원에서 경쟁하면 절대로 다른 사람들과 경쟁에서 이길 수 없다. 내가 원하는 일을 하기 보다는 아무데나 오라는 곳에 가서 일하게 될 가능성이 크다. 내 학점이 3.9니까 평균보다 높다고 생각하고 안심해서는 안 된다. 기업에서는 학점만 보고 뽑는 게 아니기 때문이다. 기업이 아니라 다른 어딜 가도 마찬가지다. 점수는 한가지 기준일 뿐 절대적이지 않다.

오히려 발상을 조금만 바꾸면 나는 특별한 인재가 될 수 있다.

남들이 다 하는 학점관리와 영어성적은 평균만 하는 것이다. 그리고 나머지 시간에 내가 진출하고자 하는 꿈을 위한 다양한 활동을 하면 된다. 가령 내가 진출하고자 하는 분야가 금융업계라면 금융자격증을 취득하고 관련된 인턴이나 대외활동 경험을 쌓으면 된다. 내가 원하는 분야가 컴퓨터 공학 분야면 관련 분야의 아르바이트와 창업 등을 해보는 것도 좋다. 만약에 유통이나 마케팅 분야에 진출하고자 한다면 마케팅 공모전이나 동아리활동을 하면 된다.

일차원적인 인재가 아닌 다채로운 인재가 되는 길은 내 스펙을 다채롭게 꾸미는데서 시작한다. 나만의 고민의 흔적과 발자취가 담긴 스펙을 고민하고 만들기 바란다.

〈참고〉 나의 스펙요약서

1. 학 력

연세대학교 경제학과/경영학과 최우등졸업

2. 자격증

공인회계사 / 세무사 / 감정평가사 / 손해사정사 / 경영지도사 / CIIA(국제공인투자분석사)증권분석사 / 금융투자분석사 / AFPK / 기업자금관리사 / 펀드투자상담사 / 증권투자상담사 / 재무위험관리사(FRM) / 재경관리사 / 회계관리 1급 / IFRS관리사 / 보험중개사 / CCNA / SCJP / MCP / MCSE / MCAD / MCSA / MCDBA / LCP 외 다수 보유

3. 업무경력

(현) 공군교육사령부 재정교관 대위로 복무

(전) 신승회계법인 소속 공인회계사 / (주)이안택스 이사 / 벤처기업 데모닉스 대표이사

삼정KPMG TAX 2본부 소속 공인회계사

4. 교육경력

로이즈 회계학 전임강사 / 연세대학교 교육개발지원센터 재무회계 튜터

항공과학고등학교, 한서대학교, 항공대학교, 교통대학교 경제교육 교관

5. 수상경력

Be the CEO 창업대회 산업자원부장관상 / 시장경제발전을 위한 논문 공모전 장려상 수상

대/중소기업 동반성장을 위한 정책 아이디어공모전 우수상 수상

경제유니버시아드대회 장려상 수상 / 연세대학교 내 수상경력 다수

6. 국내 특허출원

LCD모니터와 휴대폰단말기를 이용한 지하철 좌석정보 제공 및 광고방법

DBMS종류에 상관없이 데이터베이스를 관리할 수 있는 중계시스템

서로 다른 웹솔루션 간의 데이터구조 변환장치

이동통신 단말기를 이용한 P2P방식의 파일 공유 및 다운로드 원격관리

내가 원하는 인재상을 담은 스펙 그려보기

1. 학 력

2. 자격증

3. 대외활동

4. 수상경력

5. 업무경력

6. 기타

스펙의 본질

스펙이 무엇인가요? 이런 질문에 보통 대답으로는 학벌, 영어성적, 자격증, 수상실적 등이 나오게 마련이다. 물론 이 말도 맞다. 기업이나 대학원 혹은 공공기관에서 지원자 중에서 한명을 선발하려면 당연히 지원자들을 비교하고 줄세워야 할 것이다. 줄세우기 하려면 기준이 필요하다.

어떤 기준이 가장 객관적일까? 바로 증거(evidence)를 통해서 증명할 수 있는 객관적인 지표 혹은 자료가 가장 큰 신뢰성을 가질 것이다. 그렇다면 위에서 언급한 학벌, 영어성적, 학점, 자격증은 당연히 객관성이 높은 지표이다. 그리고 숫자와 가시적인 증거로 증명이 되기 때문에 신뢰성도 높다.

선발하는 사람 입장에서는 다른 경력이나 나이, 외모 등이 비슷하다면 학점 4.0인 사람을 2.5인 사람보다 성실하고 똑똑하다고 평가할 것이다. 당연한 이야기이지만 영어성적도 낮은 사람보다는 높은 사람을 뽑고 싶을 것이다. 다시 말하지만, 이는 '다른 조건이 동일할 때' 성립하는 이야기다.

"난 영어로 말을 잘해요"라고 주장하는 사람이 있다고 치자. 많은 지원자들 중에서 서류에서 토익스피킹이나 OPIC 성적표를 제출한 사람이 제출하지 않은 사람보다는 더 신뢰가 가는 지원자일 것이다. 이렇듯 스펙은 우선 자신의 능력에 대한 객관적인 지표라는 점에서 어쩔 수 없이 비교의 지표가 된다.

지금까지 이야기를 정리해 보자. 스펙은 그럼 한마디로 어떤 것인가? 맞다. 스펙은 자신을 증명하는 객관적인 수단이자 일종의 비교지표이다. 그런데 요즘엔 스펙에 대해서 수많은 부정적인 오해가 많다. 그냥 남들과 비교하는 숫자? 남들을 이기기위한 수단? 이정도로만 생각하는 경향이 크다. 스펙을 3종세트, 5종세트, 7종세트, 9종세트까지 만들어가며 인간을 상품화 한다.

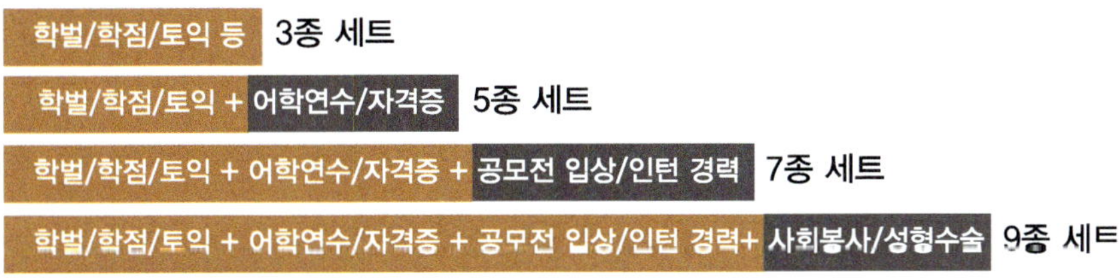

〈요즘 유행하는 스펙 9종세트〉

이는 오해에서 비롯된 것이다. 스펙은 저기 나열된 세트로 묶을 만큼 협소한 개념이 아니다. 스펙은 기본적으로 그 양에 있어 제한이 없으며, 남들이 하지 않은 영역에서의 경험일지라도 그것을 기록하고 인증하고 증명할 수 있다면 이 또한 스펙이다. 단순 나열이 아닌 자신의 삶을 요목조목 보여줄 수 있는 포트폴리오와 결합된 스펙은 어마어마한 효과를 보여준다.

이해를 돕기 위해 내 스펙을 한 번 소개해 보겠다. 그동안 한 경험과 활동들을 기록하자면 A4로 3페이지는 넘어간다. 포트폴리오와 내가 그동안 만든 프로그램 및 작품들, 써왔던 블로그의 글들을 모두 합치면 한 박스가 나온다. 그중에서 대중에게 알려진 스펙만 보자면 아래와 같다.

네이버에 '곽상빈'으로 검색을 해보겠다.
보통 동명이인이 많아서 검색하면 연예인이나 다른 사람이 나오는데 나는 같은 이름의 사람이 전국에 몇 명 되지 않는다. 어쨌든 많은 정보가 아래처럼 나온다.

내가 쓰고 있는 블로그의 글들과 출판한 책, 소속과 학력, 경력과 수상실적 등 정보가 나타난다. 아래로 더 내려 보면 내가 그동안 출원했던 특허나 인터뷰기사도 나온다. 심지어 커뮤니티에서 고등학생 때 남겼던 질문과 글들도 나오게 된다. 여러분들의 역사가 스펙이다. 결과물이 아닌 과정도 하나의 진솔한 스펙이 될 수 있고 그것이 포트폴리오다. 그리고 포트폴리오는 나의 꿈을 향한 기록이다.

여러분들이 성공하고 싶은 분야를 위해 쌓아온 지식, 경험, 관심을 증명할 수 있다면 모든 것이 스펙이다. 지식을 증명하는 것이 자격증, 논문 등이며, 관심을 증명하는 것이 블로그 게시물이나 SNS기록이다. 또한 경험을 증명하는 것이 학회와 동아리, 인턴 경력, 봉사활동 등이다. 이것을 이해했다면 이 책의 노하우를 여러분 것으로 만들고 성공적인 커리어를 구축해 나갈 수 있다.

경험을 경력으로 만들기

남들과 똑같은 전략으로 남들보다 조금 더 열심히 해서 성공하는 시대는 지났다. 경영학계에서도 차별화와 혁신이 대세가 되고 있고, 스펙도 마찬가지로 남들과 다른 무언가가 있어야 하는 시대가 되었다.

얼마전에 네이버 독취사 까페에서 나이가 많고 '저스펙'임에도 불구하고 8개월만에 취업에 성공한 이야기를 접했다. 그는 대기업부터 중소기업까지 약 50군데에 이력서를 넣었고 대다수 기업에서 서류탈락을 경험했다고 했다. 하위 10% 정도의 학점과 영어 등 일반적인 스펙에도 불구하고 자신이 하고자 하는 업무 위주로 회사를 골라 성공했다고 말한 그는 그 비결이 '일관된 자신의 영업경험'이라고 했다.

자기소개서를 쓸 때 외국어실력이나 학점, 해외경험 등 공통되지 않은 성과나 경험을 나열하기 보다는 지원하고자 하는 직무에 맞는 공통적으로 스토리를 묶을 수 있는 경험으로 내용을 구성했던 것이 '신의 한수' 였던 것이다.

토익이나 학점이 낮다고 해도 자신이 대학교 때부터 일관되게 식품유통에 인턴이나 아르바이트로 근무를 했고 그 경험을 잘 뒷받침해주는 증거들만 자기소개서에 녹여낸다면 관련 업계에서는 뽑지 않을 이유가 없다.

이 사례를 보고 스펙에 대해 다시 한 번 생각해 볼 필요가 있다. 우리는 일반적으로 영어점수, 자격증, 학점, 학벌만을 스펙으로 간주한다. 그리고 남들보다 이 점수화된 지표들을 높이려고 애쓰고 시간을 허비하게 된다. 여기서 나름 고스펙인데 취업이 되지 않는 수많은 청년들이 양산되는 것이다. 물론 기본 스펙이 좋으면 비교우위를 가진다. 다만 가고자 하는 곳에 딱 맞는 경험을 가진 사람보다는 특별해 보이지 않을 것이다.

한 마디로 말하자면 내가 가진 수많은 스펙들은 남들과 차별화되지 않으면 빛나지 않는다. 그리고 그냥 산발적인 경험은 스펙으로서의 가치가 없다. 왜냐하면 누구나 한 번씩 툭툭 던지는 경험은 하기마련이니까. 다만 오랜 기간 동안 자신의 고민이 묻어나는 경험은 그 사람의 관심사뿐만 아니라 그 분야에 대한 전문가로서 자신을 증명할 수 있는 좋은 스펙이다.

스펙 설계에서 주의할 점

스펙은 나라는 사람을 증명하는 강력한 증거다. 잘 계획되고 짜여진 스펙은 어떤 것보다 강력하게 나를 어필할 수 있게 해준다. 그러나 스펙이 내 인생의 전부가 되어서는 안 된다. 스펙을 지배해야지 스펙에 끌려 다녀서는 절대로 성공할 수 없다.

스펙은 당신의 관심사와 노력, 그리고 인생을 증명하는 모든 것이라고 정의했다. 하지만 여러분이 경계해야 하는 사실이 있다. 커리어에서 성공하는 것을 위해 스펙을 관리해야 함에도 주객이 전도되어 스펙을 위한 스펙 쌓기를 하는 것이 그것이다. 이건 자기 스스로를 망치는 길이다. 오히려 스펙관리를 하지 않고 하고 싶은 경험을 마음껏 하는 게 나을 수 있다.

스펙만을 인생의 목표처럼 여기면 함정에 빠지게 된다는 말이다. 즉, 남들에게 보여주기 위한 공부, 보여주기 식의 경력이나 점수 관리로는 오히려 자신의 능력을 깎아먹을 뿐만 아니라 경력관리에서 집중력을 상실하게 된다.

사람의 에너지와 시간은 한정된 자원이다. 그런데 여러분이 스펙에만 매몰되어 "학점 잘 따야해!", "영어점수는 높을수록!", "한자자격증도 따야지", "컴퓨터자격증도 따야지", "봉사활동 100시간 채우자!" 처럼 평면적인 자기관리를 한다고 생각해보자. 정작 내가 목표로 하는 곳에 도달하기 위해 써야 할 소중한 시간들이 쓸데없는 활동에 낭비될 것이 분명하다.

그럼 어떻게 스펙을 관리해야 할까? 어디에서나 보는 최소한의 스펙은 존재한다. 그러나 남들 다 관리하는 스펙뿐만 아니라 인생의 성공을 위한 자기관리로서 스펙까지 만들어 가는 것이 중요하다. 스펙을 설계하고 관리하는 데에는 따라해볼 만한 수많은 원칙이 있다. 이를 적용해서 내 스펙을 입체적으로 만드는 게 이 책의 핵심이다.

최근들어 스토리가 스펙을 이긴다는 책, 스펙보다는 경험이 중요하다는 강연에서 시작하여 '탈 스펙화'를 주장하는 목소리가 커지고 있다. 그런데 자세히 뜯어보면 그 책이나 강연들의 핵심 주제는 스펙이 아무 쓸모없다는 이야기를 하는 것이 아니다. 자신의 열정을 쏟을 목표를 설정하고 그러한 도진과 스토리를 기록하는 것이 평면적인 스펙나열보다 훨씬 효과적이라는 교훈을 말하는 것이다. 그럼에도 탈스펙화라는 의미를 스펙관리가 필요 없다는 것으로 받아들이고 오해를 하는 사람이 많다는 사실에서 안타까울 따름이다.

스펙도 설계하기 나름이다. 그리고 잘 계획되고 일관성 있는 스펙은 아무런 입증할 수 없는 경험이나 스토리, 산발적인 스펙나열과는 비교할 수 없을 정도의 위력을 발휘한다.

나는 자신 있게 말할 수 있다. 평면적인 스펙이 아닌 입체적인 스펙은 다른 어떤 것보다 강력한 효과를 발휘할 것이다. 비교우위에 서게 하는 것은 물론이고 다른 사람이 당신을 존경하게 만들 수도 있다. 당연히 기업이나 조직에 입사하는 것은 기본이다. 책을 다 읽고서 스스로 입체적인 스펙을 만들어 보고자 노력해야 한다. 조금만 고민하고 따라하면 분명 이 책이 효과를 발휘하게 될 것이다.

〈당신이 생각하는 스펙을 모두 적어보자〉

입체적 스펙 설계

나는 원래 굉장히 게으르고 보잘 것 없는 열등생이었다. 그런데, 막상 가정환경이 어렵고 힘든 일을 많이 겪으면서 "나를 어필하는 방법"을 터득했고, 생존을 넘어 성공하는 법을 터득했다. 그 방법이 입체적 스펙을 만드는 나만의 노하우라고 생각한다.

입체적인 스펙관리로 혜택을 본 사람이 있다. 그게 바로 나라고 생각한다. 나는 수많은 실패를 성공으로 만들어 봤다. 어릴 때 가난을 극복하고자 공부했던 컴퓨터와 아르바이트, 벤처창업의 경험은 내 꿈인 기업가 혹은 컨설턴트를 하기 위해서 지원하는 많은 곳에 유리한 스펙이 되어왔다. 정부의 창업지원금을 받기 위해서도 경력이 필요하고, 회계법인이나 컨설팅회사에 지원할 때에도 다채로운 스펙은 도움이 되었다.

구체적으로 역전스토리를 통해서 입체적인 자신의 실패와 스펙이 어떻게 연관되어 설계될 수 있는지 확인해 보자.

나는 어릴 때 제대로 하는 일이 거의 없었다. 5살 때부터 급격하게 살이 찌기 시작해서 초등학교 2학년 때 고도비만으로 판정받고 서울시 구로구 고척동 달동네에서 살면서 공부에는 관심도 없었다. 중학교 때 체중이 100키로그램이 넘어가면서 몸무게 때문에 의자가 부러지는 경험을 많이 하였다. 심지어 뚱뚱한 외모 때문에 대인관계에 있어서도 자신감이 없었다.

아버지 사업이 초등학교 2학년 때 부도가 나면서 집안 형편도 어려워지자 삶에 대한 위기의식마저 느꼈다. 살기 위해서는 경제적인 자립이 필요하다는 생각이 들었다. 게다가 최대한 빨리 성과를 내야한다고 생각했다. 마음이 급해졌고 가장 쉽고 빠르게 목표를 달성할 수 있는 분야를 찾기 시작했다.

어린마음에 가장 눈에 띄는 사례는 빌 게이츠였다. 내 눈에 그는 컴퓨터 기술과 자신감 하나로 억만장자가 된 위인이었다. 나는 당장 컴퓨터 분야에 대해서 조사하기 시작했다. 가족을 따라 이사했던 상계동. 상월초등학교에서 컴퓨터 수업 때 스승을 찾았고 닥치는 대로 컴퓨터 공부를 했다. 되든 안 되든 그래픽으로 포스터도 만들고 홈페이지도 만들고 프로그램도 따라서 만들었다.

기술이 어느 정도 쌓이다 보니 대회에도 나갔고 상도 많이 탔다. 그러다 보니 인터넷 홈페이지 제작업계에 알려지면서 아르바이트로 돈도 벌었다. 소문이 나면서 고물북닷컴(gomulbook.com)이라는 청소년 벤처기업에 스카웃되었고 중학교에 진학하고서는 학교에서 수업 듣는 시간 외에는 온전히 프로그램개발과 사업에 매진했다. 그 동안 많은 일을 저질렀고 어린나이에 사장님이 되었다.

입체적인 스펙이 만들어지려면 일단 자기만의 실패담이나 경험이 있어야 한다. 무언가에 대해서 열등감을 느끼든 아니면 뭔가를 간절히 바라든 간에 도전과 실패가 있어야 새로운 큰 목표를 세울 수 있다. 그냥 남이 시켜서 하는 일은 내가 오랫동안 일관성을 유지하면서 활동을 만들 수도 없고 금방 지쳐서 포기하게 된다.

〈2004년 창업당시 한국일보 신문기사〉

"대입보다 벤처로 진로 정했죠"

한국일보 기사입력 2004-11-14 17:18 | 최종수정 2004-11-14 17:18

"어리다고 얕보지 마세요. 세계에서 가장 독특하고 가치 있는 정보기술(IT) 회사로 키워나갈 겁니다.

"중·고생들이 모여 IT업체를 차렸다.

곽상빈(17·2년) 등 선린인터넷고 재학생 4명과 중학생 1명 등 5명이 지난달 웹솔루션 개발 회사인 '데모닉스(www.daemonics.com)'를 창업했다.

주력상품은 인터넷 사이트나 웹 서비스, 전사적 자원관리(ERP) 등을 손 쉽게 구축할 수 있는 웹 개발도구 '애프시스(AppSys)'. 이 제품에 '할아버지도 개발할 수 있는 웹 제작 도구'라는 슬로건을 내걸었다.

전문지식이 전혀 없는 초보자도 손쉽게 자기가 원하는 프로그램을 개발할 수 있도록 지원하는 시스템임을 강조하기 위해서다.

곽군 등은 중소기업청이 주최하고 벤처기업협회가 주관하는 '2004 대한민국 창업대전'예선에 데모닉스를 출시, 250여개 팀과 경쟁해 본선에 진출했다.

70개 팀이 겨루는 본선은 다음달 3~5일 서울 삼성동 코엑스에서 열린다.

곽군은 "창업대전이 끝나면 적극적인 홍보와 영업활동을 통해 인터넷 서비스 업체는 물

나는 사장님이 된 이후에 선린인터넷고등학교에 진학했고, 내 이름으로 사업자등록을 내고 본격적으로 대표이사로 활동하였고 3년 후에 폐업신고를 할 때까지 남들은 경험하지 못할 수많은 스펙을 만들 수 있었다. 청소년 벤처기업가, IT국제자격증 10개 취득, 벤처창업대전 본선진출, 산업자원부장관상 수상 등이 그것이다.

다른 사람들처럼 고민하고 걱정하느라 낭비한 시간이 거의 없었다. 운 좋게도 아버지 사업이 망했고, 최대한 빨리 경제적 자립을 해야해서 바로 시작한 생업(?)이 나에게는 독특한 이력과 경력을 만들어준 것이다.

이후에 사업을 접고 나서는 실패를 돌아보며 더 큰 목표를 세우고 공부했다. 목표도 세우고 다시 목표를 수정하거나 착실히 수행하면서 결국 기업들에게 도움 주는 전문가가 되었다. 연세대학교 경제학과 재학 중 공인회계사시험에 합격했고, 경영지도사시험에도 합격했다. 연세대학교를 상위 1%의 성적으로 최우등 졸업했고, 대형회계법인을 거쳐서 공군에서 재정장교로 복무하기도 했다.

이러한 성과와 남다른 이력과 스펙을 만들 수 있었던 것은 우연이 아니라 내 스스로 터득한 원칙에 따른 결과였다. 그렇다면 도대체 무엇이 이런 일을 만든 것일까? 몇 년 동안 고민한 흔적을 모아서 분석해본 결과 재미있는 법칙을 발견했다. 이것이 바로 A.G.A.P.E 방법이다.

차별화된 나를 만드는 A.G.A.P.E 비법

A.G.A.P.E 비법은 Act–Goal Setting–Actualize goal–Professionalizing–Experience managing 으로 그 단계를 나누어본 것이다. 나름 이 순서대로 커리어와 나의 역량, 스펙에 대해서 고민하다보면 입체적인 스펙을 만들 수 있을 것이다.

나는 어떻게 어린나이에 벤처기업 대표이사 경력을 가졌으며 어렵다던 공인회계사시험, 감정평가사 시험 등에 합격하고 연세대학교 상위 1%로 졸업할 수 있었을까. 이는 스펙을 설계하는 순서가 남들과 달랐기 때문이다. 이게 A.G.A.P.E 방법이다.

보통사람들은 목표를 추상적으로 먼저 설정한다. 여기서 오류가 발생한다. 누구도 해보지 않은 일을 하는 것이 인생이다. 어떤 직업을 선택하더라도 저마다 생각과 경험은 다르다. 따라서 그냥 누군가의 이야기만 듣고 추상적으로 목표를 세우면 언젠가는 실패하게 되어있다. 내게 이야기해 주는 사람도 내 입장에서 완벽한 답을 주지는 못하기 때문이다.

추상적이고 평면적인 목표를 세운 사람들은 다른 사람의 조언에 따라서 시험을 보거나 경력을 쌓는다. 그리고 여의치 않으면 목표를 바꾸거나 고민에 빠지게 된다. 그리고 남들이 좋다는 일들을 해보는 등 방황하느라 시간을 낭비한다. 심지어 목표를 세우거나 계획을 하는 단계에서 포기하는 사람도 있다. 이러면 아무런 성과가 나오지 않는다. 당연히 눈에 띄는 스펙이 나올 수 없다.

A.G.A.P.E 비법은 성공이나 성취보다는 도전과 실패인 '실행(Act)'에 중점을 둔 방법이다. 자기가 생각하는 꿈은 빨리 경험해 보는 게 유리하다. 물론, 다른 사람의 조언이나 이야기도 간접경험으로서 도움은 된다. 그러나 하고자 하는 분야를 직접 경험하고 스스로의 데이터가 축적되어야 제대로 된 목표를 세울 수 있고 실현시킬 수 있다. 그리고 간단하게나마 내 꿈을 위해서 행동해 보고, 목표를 구체적으로 세우고 그 목표를 위해서 다양한 활동과 전문화 과정을 거치는 게 A.G.A.P.E 방법이다.

A.G.A.P.E는 스펙설계 혹은 스펙관리를 위한 일종의 단계를 약자로 만든 것이다.

A : Act
G : Goal setting
A : Actualize your goal
P : Professionalize
E : Experience managing

A는 Act의 약자이다. 이는 실행과 실패를 우선적으로 해보는 단계이다.
G는 Goal Setting의 약자이다. 이 단계에서는 구체적이고 최대한 높은 목표

를 설정하고 어떻게 수정하고 관리하는지 고민하게 된다.

A는 Actualize your goal의 약자이다. 이 단계에서는 앞서 설정한 구체적이고 도전적인 목표를 어떻게 스펙으로 실현시킬지 지속적으로 노력하는 단계이다.

P는 Professionalize의 약자이다. 스펙의 강력한 힘을 불어 넣는 전문화 단계이다. 앞에서는 목표에 따라 다양한 경험과 다양한 스펙을 산발적으로 만들었다면, 이 단계에서 보다 집중적이고 전문가로서의 위치까지 올리는 활동을 하게된다.

E는 Experience managing의 약자이다. 이는 자신의 분야에대한 실무 능력을 업그레이드 하고 이를 어필하는 스펙을 설계하는 경력관리 단계이다.

이러한 5가지 단계를 치열하게 고민하면서 밟아 가면 실무에 적합하고 유기적인 스펙을 설계할 뿐만 아니라 커리어에서의 성공도 보장해 줄 것이라고 생각한다.

행동하기가 두려운가. 시작하기가 겁나는가. 일단 그럼 책을 통해 하나씩 따라해 보자.

그전에 다음의 과제를 꼭 하고 넘어가기 바란다.

〈아래 질문에 답해보세요!〉

1. 당신이 지금 정말 간절하게 하고 싶은 일이 있는지 떠올려 보고 간단하게 그 일에 대해서 써보세요.

2. 당신이 존경하는 사람이 누구인지 써보고 직업이 무엇인지도 써보세요.

3. 부모님이 원하는 당신의 미래상과 직업은 무엇인가요?

4. 위의 1. 2. 3. 질문과 관련된 인물이 주변에 있나요? 있다면 얼마나 자주 보시나요?

4. 위의 1. 2. 3. 질문과 관련된 경험이 있나요? 직접 해보니 느낌이 어떤가요? 즐겁던가요? 고통스럽던가요?

〈답변을 통해 얻어야 할점〉

1. 당신이 지금 정말 간절하게 하고 싶은 일이 있는지 떠올려 보고 간단하게 그 일에 대해서 써보세요.

자신이 하고 싶은 일이 무엇인지 빨리 찾아야 합니다. 혹시 자신이 20대라면 절호의 기회입니다. 우리는 인생의 3분의 1을 일터에서 보냅니다. 그 일을 할 때 행복하고 즐거워야 준비과정에서 열정적인 활동과 스펙이 나올 수 있습니다.

2. 당신이 존경하는 사람이 누구인지 써보고 직업이 무엇인지도 써보세요.

존경하는 인물이 있다면 그 인물이 내가 지금 하고 싶은 일과 어떤 관련이 있는지 생각해 보시기 바랍니다. 이미 내가 하고자하는 미래의 꿈이나 직업을 가진 사람이면 더 좋습니다. 그리고 그 사람과 관련된 구체적인 정보와 이야기를 자세히 알수록 나의 스펙과 인생설계에 도움이 됩니다. 뭔가를 시작할 때 까장 쉬운 방법은 따라하는 것입니다. 그 사람을 따라하면 쉽게 도전을 시작할 수 있습니다.

3. 부모님이 원하는 당신의 미래상과 직업은 무엇인가요?

부모님이 원하는 나의 미래상과 내가 원하는 미래상이 다르면 갈등이 있게 됩니다. 그러면 부모님의 정신적, 경제적 지지를 받기 어려워집니다. 부모님이 내가 하고자하는 일에 대해서 인정해 주시고 도와주시면 좋겠지만, 반대하시는 경우 최대한 빨리 합의를 보아야 합니다. 저도 중학교때 사업을 하겠다고 실업계고교에 진학할 때 많은 갈등을 겪었는데 그 후로는 많은 부분에서 지지를 받았습니다. 이 과정은 빠를수록 좋습니다.

4. 위의 1. 2. 3. 질문과 관련된 인물이 주변에 있나요? 있다면 얼마나 자주 보시나요?

주변에 내가 꿈꾸는 직업이나 목표와 관련된 인물이 있다면 굉장히 유리해 집니다. 그 사람을 자주 만나서 배우면 되기 때문입니다. 적어도 이메일이나 문자 등으로 질문을 할 수 있는 관계는 되어야 합니다. 내가 하려는 일에 대해서 지치지 않으려면 관심분야의 종사자 혹은 준비생들을 많이 알아두고 친해지시기 바랍니다.

4. 위의 1. 2. 3. 질문과 관련된 경험이 있나요? 직접 해보니 느낌이 어떤가요? 즐겁던가요? 고통스럽던가요?

미래의 꿈과 관련된 다양한 경험을 해볼수록 유리합니다. 남에게 듣는 것보다는 자신이 직접 경험하는 것이 정확합니다. 그리고 즐거워야 그것을 장기적인 목표로 삼을 수 있습니다. 그 일이 고통스러우면 지금이라도 다시 생각해보길 권합니다.

나를 알고 밑그림 그리기

자신의 적성과 역량을 파악하고 그것에 맞는 스펙 설계하고 목표를 달성해 나갈 수만 있다면 굉장히 큰 부분이 해결된 셈이다. NCS기반의 직무도구를 통해서 나의 역량과 적성을 파악해 보고 스펙으로 연결해 보자.

스펙을 설계함에 있어서, 조금 더 구체적으로 접근하자면 나의 역량을 파악하고 스펙에 대한 밑그림을 그리는 게 필요하다. 앞에서도 회사는 당신의 인생을 책임지지 않는다고 말했다. 지업을 개발하고 그에 대한 내 역량을 키우면서 부각시키는 '나만의 스펙'이 필요한 것이다. 우리는 지금껏 주입식 교육에 물들어 있기 때문에 자기 스스로 스펙을 설계하고 주도적으로 자기계발을 해 나가는 것에 부담을 느낄 수도 있다. 그렇기 때문에 사회에서 원하는 스펙을 파악하고 그에 맞게 A.G.A.P.E방법을 적용하면 훨씬 수월하게 스펙설계를 할 수 있을 것이다.

우선, 남들이 좋다고 하는 일이 아니라 내가 좋아하는 일을 찾는 작업이 필요하다. 내가 정말 원하는 것이 무엇인지, 어떤 일을 평생 하면서 살아야 할지, 내가 원하는 직무는 어떤 것이고, 내가 선호하는 업종은 무엇인지를 우선적으로 생각해 볼 필요는 있다. 이런 것에 대한 해답을 찾기는 매우 어렵다. 평소에 이러한 고민을 해볼 기회가 없기 때문이다.

내가 평생 할 직무와 업종인 '직업'을 찾기 위해서는 아래 질문에 답해 볼 필요가 있다.

1. 내가 잘하는 것이 무엇인가?

2. 내 취미는 무엇인가?

3. 내 전공은 무엇이며, 앞으로 공부하고 싶은 분야는 무엇인가?

4. 내 관심분야와 직업은 무엇이며 그와 관련된 자격증은 어떤 것인가?

5. 내 성격은 어떠한가?

6. 가족이나 친척 중에 내가 하고 싶은 일을 도와줄 사람은 있는가?

이를 통해서 학교에 커리어 개발원이나 교수님께 상담을 해보고, 관련된 동아리나 학회에 가입해서 정보도 얻어보면 도움이 된다. 자신의 적성과 기호를 잘 알고 스펙을 설계하면 일생의 3분의 1에 해당하는 직장생활이 행복해질 수 있다. 당연히 평생 '직업'을 제대로 개발해서 남부럽지 않게 살 수 있다. 남들보다 조금 늦더라도 자기가 좋아하는 일과 잘하는 일을 하면서 사는 게 장기적으로 훨씬 유리하다. 나이가 많이 들어서 직업을 바꾸는 사람들은 이러한 고민을 미리 해보지 않은 사람들이다. 이런 질문에 답하고 고민하는 시간을 미리 가져보면 시행착오를 최소화 할 수 있을 것이다.

최근 개발된 국가직무능력표준(NCS)라는 것이 있는데 여기서 언급하는 지식(Knowledge), 기술(Skill), 태도(Attitude)를 통한 '나의 역량 분석'을 하면 훨씬 구체적인 나의 분야를 미리 가늠해 볼 수 있을 것이다. 아직 사회초년생이라면 당연히 아래의 칸을 풍부하게 채우기 힘들다. 앞으로 어떤 스펙을 채우고 직업인으로 성장할지 밑그림을 그리는 차원에서 한 번 역량분석을 해보자.

지식역량(Knowledge)

1. 졸업학교 (고등학교/대학교/대학원)

2. 취득자격증

3. 어학수준(어학종류/자격증/점수)

4. 해외체류경험

5. 논문 및 저서

경험과 기술역량(Skill)
1. 인턴/알바/직장   2. 수상경력   3. 동아리 및 학회   4. 군복무 경력(특기/계급/업무)   5. 기타

태도와 성향역량

1. 취미

2. 특기

3. 성향 및 성격

4. 종교

지식/경험/태도 요약결과

관심분야의 커뮤니티에 가입하기

나는 처음 벤처창업을 준비했을 때 책을 구입하면서 인터넷 커뮤니티에 가입했다. 그곳에는 이미 성공한 사업가들이 있었으며, 다양한 사람들의 노하우가 올라왔다. 내 꿈에 한걸음 다가가기 딱 좋은 공간이었다.

내가 하려는 일이나 꿈에 대해 정보를 얻기 가장 좋은 방법은 인터넷 커뮤니티와 모임이다. 우선 인터넷상에서 꾸밈없는 이야기가 오고 가는 곳이 인터넷 커뮤니티다. 게다가 실질적인 경험을 들을 수 있는 곳이기도 하다. 요즘에는 다음(Daum)이나 네이버(Naver)의 카페만 검색해도 내가 원하는 분야의 커뮤니티를 많이 찾을 수 있다. 가입하고 몇 가지 인증절차만 거치면 그곳에서 현실적인 이야기나 각종 정보를 습득할 수 있다. 무엇보다 좋은 점은 모든 정보가 공짜라는 것이다.

일단 인터넷 커뮤니티를 가입해야 하는 가장 중요한 이유는 다음과 같다. 첫째로, 관심분야 커뮤니티를 가입했다는 것만으로 그 분야에 대해 깊이 알아볼 기회가 많이 생긴다.

일례로 나는 처음 IT사업을 해야겠다고 마음먹었을 때 인터넷비지니스의 축

소판이라고 할 수 있는 '쇼핑몰창업'관련 다음카페에 가입했다. 인터넷홈쇼핑연합이라는 커뮤니티에 가입하면서 이메일로 정기모임에 대한 소식이나 뉴스레터를 받아볼 수 있었고 덕분에 정기모임에 참여하면서 실제로 창업에도 도전해볼 수 있었다.

둘째로, 인터넷 커뮤니티를 통해 궁금증을 빠르고 손쉽게 해결할 수 있다.

어떠한 분야에 입문하기 전에 가장 어려운 것이 그 분야에 대해서 아는 것이 없다는 사실이다. 내가 도전했을 때 성공할 가능성을 가늠해보기 위해서는 샘플을 알아야 하는데 이를 수집하기도 만만치 않다. 그러나 이러한 정보를 실시간으로 얻을 수 있는 곳이 바로 인터넷 커뮤니티다. 수많은 경험자와 입문자들이 게시판을 통해서 자신들의 이야기를 교환하기 때문이다.

인터넷 커뮤니티는 경험자들에게 직접 질문을 하기에 부담이 적다. 게시판에 궁금증을 올리면 생각보다 빠르게 답변이 달린다. 나의 경우에는 공인회계사시험에 도전해야 겠다는 생각을 했을 때 다음 카페 '회계동아리'에 가입해서 질문을 하곤 했다. 특히, 처음 시작하는 사람일수록 업계의 동향이나 실제 현업의 이야기를 듣고 싶을 것이다. 인터넷 커뮤니티에는 다양한 사람들이 있기 때문에 원하는 대답을 들을 가능성도 그만큼 높다.

셋째로, 커뮤니티는 오프라인에서 직접적인 도움을 받을 수 있는 통로가 된다.

인터넷 커뮤니티는 단순히 정보교류만 하는 경우도 있으나 대부분 관심분야의 사람들이 오프라인에서 활동할 수 있는 수많은 통로가 마련되어 있다. 가령, 수험생 커뮤니티에서는 스터디 모집 게시판 등을 통해서 자신에게 맞는 조건의 스터디 모임을 만들 수도 있으며, 투자자 커뮤니티나 창업커뮤니티 등에서는 정기모임을 통해서 실전적인 정보교류를 할 수도 있을 것이다.

내 경우 벤처기업을 설립하고 경영할 당시 투자자들을 모집하기가 막막했다. 이때, 아이템과 투자자의 만남이라는 카페에 가입해서 IR(기업소개)하는 방법이나 투자자 설명회 개최하는 법 등을 직접 투자설명회를 발로 뛰면서 배울 수 있었다. 그리고 함께 벤처창업을 할 동료를 찾고자 했을 때도 프로그래밍 관련 커뮤니티를 통해서 정기모임에 참석하거나 리크루팅 게시글을 쓰는 등 다양한 방법으로 이를 해결했다.

커뮤니티가 가장 유용했던 것은 무엇보다도 전문자격증 수험이었던 것 같다. 모든 자격시험에는 각 시험에 특화된 커뮤니티가 존재한다. 그 커뮤니티에 가입하면 현직게시판에서 합격했을 경우 어떠한 라이프가 펼쳐질지 다양한 글을 볼 수 있다. 그리고 당장 학원에 대한 정보나 수험생들이 많이 보는 책에 대한 정보도 올라온다. 심지어 수험을 위한 책부터 강의까지 사고팔기도 한다.

수험생 커뮤니티에서 가장 도움을 많이 받은 게시판은 스터디 모집 코너이다. 공부는 혼자하면 시행착오도 많고 불안하다. 이를 해소하기 위해서 스터디 게시판에 마음 맞는 사람들을 모집해서 같이 공부한다면 서로 도움이 됨은 물론이고 공부 효율도 오를 것이라고 확신한다. 실제로도 스터디 모집을 통해서 내게 도움을 주는 많은 사람들을 알게 되었고, 수험준비에도 큰 도움을 받았다.

이처럼 인터넷 커뮤니티는 어떤 목표를 잡거나 행동을 옮기고자 할 때 가장 유용한 정보 획득 공간이다. 지금 관심분야에 대한 열정이 생겼다면 당장 커뮤니티 검색을 해보라. 많은 정보와 기회를 발견할 수 있을 것이다.

〈내가 관심을 갖는 분야와 커뮤니티를 적어보세요〉

내가 관심을 가지는 분야를 적고 관련된 커뮤니티를 나열해 봅시다. 그리고 가입하여 얻을 수 있는 정보가 무엇인지 생각해 보세요.

(예) 인터넷 쇼핑몰 창업 – 다음 인터넷 쇼핑몰연합 – 각종 아이템관련 정보

공무원 시험 – 네이버 공사모 카페 – 스터디모집 정보 등

처음에는 한 우물 파기

처음부터 여러 가지를 동시에 하면 아무것도 이룰 수 없다. 컴퓨터 CPU도 동시에 여러 가지 명령어를 수행하는 것처럼 보이지만 실제로는 하나씩 일을 끝내고 있다. 다만 그 속도가 빨라서 동시에 하는 것처럼 보일 뿐...

처음에는 열정과 꿈이 가득한 사람이 중간에 자포자기해 버리는 경우를 자주 보았다. 이런 사람들 특징은 관심사가 지나치게 많다는 점이다. 남들이 좋다고 하면 자기의 꿈인지 아닌지 따져보지도 않고 바로 시작한다. 하나 둘씩 일을 벌이다 보면 나중에 하나도 제대로 못하게 된다. 재미도 없어지게 되고 성과가 안 나다 보니 스스로를 탓하게 된다. 자괴감에 빠지고 결국 모든 것을 포기하게 된다.

지나치게 분산된 목표나 바뀌기 쉬운 꿈을 꾸면 어떤 목표나 꿈도 이루지 못한다. 인간의 능력은 한계가 있고 누구나 동일한 시간 속에서 산다. 처음부터 하나만 바라봐야 제한된 시간 안에서 성공할 확률을 극대화 할 수 있다. 한 가지에 에너지와 자원을 집중하면 그 일은 마무리할 가능성이 높아진다.

가끔 이런 사람들도 있다. 자기 인생에서 중요하지도 않은 사람들의 말 때문에 자신의 꿈이나 인생 목표마저도 바꿔버리는 사람 말이다. 심지어 다른 사람의 행동만 보고 자시 꿈을 정해버리기도 한다. 또 다른 목표를 달성할 수 있겠다 생각하면 바로 다른 목표로 돌진한다. 결국 남는 것은 허탈함뿐이다.

앞에서 Act(행동과 실패)를 강조했다. 하지만 여기에는 전제조건이 있다. 자기가 정말 하고 싶은 일인 '꿈' 또는 '목표'를 찾는 과정이라는 것이다. 그리고 여러 가지 행동과 경험을 통해서 최대한 빨리 시행착오를 겪고, 정말 평생 해도 좋겠다는 나의 인생목표와 꿈을 찾아야 한다. 그저 남들이 하니까 시작하거나 인터넷 카페에서 고액 연봉을 보장한다는 어느 게시물 하나 때문에 흔들리지 않기 위한 나만의 경험이 필요하다는 이야기였다.

여러 우물을 동시에 파면 하나의 우물에서도 물을 찾을 수 없다. 나도 가끔 동시에 여러 가지 목표를 설정하고 동시에 많은 것을 이루어낸 것처럼 보이기도 한다. 하지만, 나는 한 번에 하나의 일만 하며 그 일을 성공적으로 마무리 지어야 다른 일로 넘어간다. 그리고 인생 목표는 한 가지 방향으로 흘러가도록 꿈을 설정해 놓았다. 그리고 그 속에서 수많은 성취를 이루어낸 것이다.

다시 말하자면! 절대로 여러 가지 목표와 여러 가지 꿈을 동시에 꾸지 말기 바란다. 한 가지 분야에서 최고가 된 다음에는 자연스럽게 여러 가지 부수적인 선물이 따라오게 되어있다.

나만의 포트폴리오 만들기

사실 스펙은 뻔하다. 내 노력의 결과물로 제시되는 점수, 자격증, 인증서 등의 종이 한 장이다. 내가 얼마나 노력했는지, 그 과정에서 무엇을 배웠고 얼마나 열정을 바쳤는지를 보여주는 것이 포트폴리오다.

취업이든 대학원이든 어딜 가나 포트폴리로의 중요성은 커지고 있다. 최근 설문조사에 의하면 인사담당자의 90%이상이 지원자의 스펙이 과하다고 평가했다. 단순 나열식의 스펙만 생각하는 일반 취준생과는 다르게 신빌하는 위치에 있으면 이런 스펙은 큰 의미를 가지지 않는다. 이력서와 스펙을 나열한 자기소개서 보다는 지원자들의 창의성, 열정, 자신만의 경험 등을 나타내는 포트폴리오에 힘이 실리고 있다.

포트폴리오가 무엇인가? 자신의 목표가 있다면 그 목표를 향해가는 과정을 설계한 설계도이자 일종의 지도라고 볼 수 있다. 수평적인 확장이 아니라 입체적인 성장이다. 목표를 설정할 때 대부분 그 결과물만을 바라보고 계획을 세우게 된다. 그렇게 되면 금방 지칠 뿐만 아니라 실패했을 때 남는 것이 없다고 생각하여 포기해 버리게 된다. 그러면 그 목표에 도전해왔던 수많은 시간들이 낭비가 되어버린다.

만약에 결과물인 스펙과 동시에 포트폴리오를 구성하게 되면 최종 목표와 함께 자신만의 스토리인 포트폴리오 기록이 부산물로 나오게 된다.

최근 기업에서는 단순 고스펙자들을 뽑아서 일을 시켜보니 실무능력도 부족하고 성실하지도 않고, 열정이나 창의성도 없다고 느끼고 있다. 하지만 우리 준비생들은 이러한 기업의 생각을 모른다. 그저 남들과 비교하면서 평면적인 스펙쌓기에 열을 올리고 있다.

대부분 자신만의 매력, 성실성, 도전정신, 열정이 충분한데 단순한 평면적 스펙쌓기 때문에 자신의 매력을 발산하지 못하고 있다. 평면적 스펙(학점, 토익, 자격증)은 일정수준을 만족하면 큰 의미가 없어지는데도 여기에 목을 매는 사람이 너무나도 많다.

나는 초등학생일 때부터 나만의 포트폴리오를 쌓아왔다. 인터넷이 막 보급되기 시작한 시절 처음으로 컴퓨터 프로그래밍과 그래픽에 대해서 공부했다. 초등학교 6학년 때부터 홈페이지 제작 아르바이트를 시작했다. 인터넷이나 전단지를 통해서 고객을 모았다. 홈페이지 한개당 약 50만원 정도를 받고 업종마다 특색을 살려서 제작해 주었다. 10개 이상의 홈페이지를 제작하고 파일로 가지게 되다 보니 나만의 작품 컬렉션이 완성되었다. 이는 나중에 다른 대회에 나갈 때 사용하기도 했고, 소프트웨어 개발업체에 아르바이트를 할 때에 경력으로 제출하기도 했다.

16살에 창업을 하고 신문에도 크게 나왔지만 그 과정에서 벤처창업대전에 참가했을 때 명함이나 이름표 등을 모아두고 내 역사가 담긴 포트폴리오로 기록해 두었다. 그리고 내가 만든 제품설계도, 기획서, 사업계획서, 특허등록증을 한 곳에 모아 나의 포트폴리오에 살을 붙여 나갔다. 대학에 진학해서 대기업과 벤처기업 상생에 대한 논문을 써서 공모전에 나가거나 학회 세미나에서 발표하기도 했다. 이러한 과정을 모두 기록물로 남겨두었다.

결국 이 모든 것이 나의 역사이자 포트폴리오가 되었고 회계법인에 취업하거나 장교에 지원할 때 자기소개서에 녹여낼 수 있었고 입체적인 스펙으로서 역할을 톡톡히 해냈다.

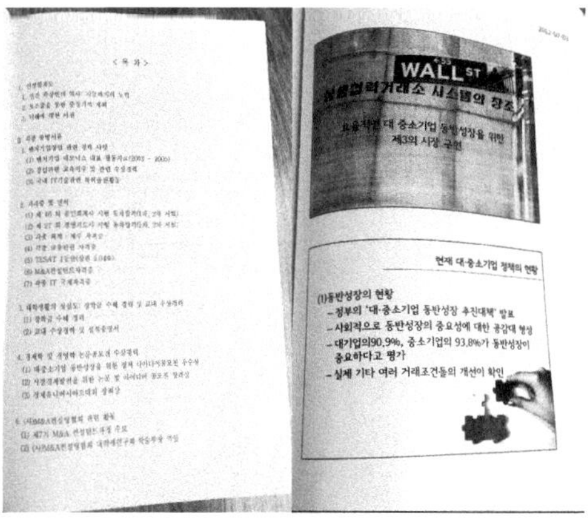

〈내가 제본하여 책 형식으로 만든 포트폴리오〉

이런 포트폴리오는 내가 누구이고 어떤 사람이고 삶에서 어떤 부분을 배워왔는지를 보여준다. 심지어 실패했던 기록들도 나중의 성공의 밑걸음이자 좋은 배움의 과정으로 나타나게 된다. 내가 누구인지를 짧은 시간에 가장 효과적으로 보여줄 수 있는 역사가 담겨있다. 게다가 면접으로는 표현하지 못하는 나의 장점을 시각적으로 보여줄 수 있고 심지어 감동을 줄 수도 있다.

스펙은 어찌 보면 이러한 포트폴리오를 통해서 훨씬 빛이 나고 멋져 보이는 걸지도 모른다. '나는 잘난 사람이에요!' 라고 외치는 평면적 스펙보다는 '나는 그동안 많은 역경을 이겨냈고 노력해왔고 사려 깊은 사람이에요' 라고 호소하는 포트폴리오와 결합한 유기적 스펙은 굉장한 위력을 발휘한다.

〈포트폴리오 어필할 때 노하우〉

1. 내 가장 큰 매력은 앞에 보여줘라

자기소개서에서도 나의 가장 큰 강점은 앞에서 보여줄 때 뇌리에 박히게 되듯, 포트폴리오도 마찬가지이다. 내가 가장 어필해야 하는 매력 포인트를 앞에 배치해야 한다. 그리고 스스로 생각하기에 나는 뽑ㄱ 싶게 만들 만한 사건을 하나의 연결고리로 전진배치해야 한다. 큰 사건을 맨 앞에 그다음 그것을 뒷받침하거나 유사한 사건을 다음에 배치하는 식으로 꼬리에 꼬리를 물 듯이 배치하면 된다.

2. 결과보다는 과정을 어필하자

결과는 스펙이다. 포트폴리오는 스펙보다는 과정을 더 어필해야 한다. 스펙을 얻기까지의 노력, 실패를 딛고 일어선 모습을 보여줘야 한다. 그 과정에서 행복하고 힘들었던 모든 것을 진솔하게 담아야 한다. 결과나 스펙은 이미 이력서나 자기소개서에서 어필된 부분이기 때문에 최소화하는 것이 좋다. 과정을 부각시키면서 자신의 인성, 열정, 다양한 매력을 어필할 수 있다.

3. 각종 시각적인 비주얼을 활용하라

나는 포트폴리오를 '곽상빈 인생 설계도'라는 이름으로 한 권의 두툼한 책으로 만들었다. 모든 증빙서류와 이야기들을 프린트하여 제본해서 책으로 만들어둔 것이다. 포트폴리오에는 증빙서류만 들어갈 필요는 없다. 사진도 넣을 수 있는 것이고 수료증이나 각종 나를 어필할 수 있는 소품들을 녹여낼 수도 있을 것이다. 컴퓨터를 잘 다룰 수 있다면 포토샵을 이용해서 꾸밀 수도 있다. 어떻게 만들어도 좋지만 시각적으로 보기 좋게 만드는 것이 채용담당자로 하여금 당신을 뽑고 싶게 만들 것이다.

포트폴리오 실전

지금부터 목표를 짜고 포트폴리오도 만들고 스펙을 쌓아볼까? 그런데 뭐부터 시작하지? 이런 의문이 드는 것은 당연하다. 가장 먼저 해볼 수 있는 것은 지금까지 했던 모든 활동 사진, 증명서, 내가 썼던 블로그 게시글 등을 모아보는 것이다. 거창한 자격증이나 수료증, 학위, 대회활동만이 포트폴리오의 구성요소는 아니다. 처음에는 추억이 담긴 일상들에서 시작해야 한다. 그리고 잘 정리하다 보면 내가 어떤 꿈을 꾸고 있는지도 발견할 수 있다.

자신이 어떤 열정과 꿈 그리고 목적을 가진 사람인지를 뒷받침하는 증거가 포트폴리오라고 생각하면 쉽다. 최종적으로 자격증이나 학점, 대외활동 등으로 그 근거를 붙여나가면 된다. 최종적으로 우리가 바라는 유기적인 스펙은 어떻게 만들 수 있을까? 그 비결은 내가 항상 사용하는 '역진귀납법(Backward induction method)'에 있다.

f(최종목표와 스펙설계 + 포트폴리오) = 유기적인 스펙

이 공식은 함수이다. 바로 역진귀납법이다. 이 방법은 결국 내가 10년 혹20년 후에 바라는 모습에서 시작해서 현재로 거슬러 오면서 그 과정을 설계하는 데에 핵심이 있다.

나는 스펙을 만들거나 목표를 세워서 그 과정을 설계할 때 역진 귀납법을 활용한다. 아니 어쩌면 이 방법에 의존하는지도 모른다. 그만큼 강력하다.

16살에 벤처기업을 창업하기까지의 과정도 그랬다.

30대에 분명 성공한 벤처기업 CEO가 되어 있을 거라고 상상했다. 그러려면 어떤 게 필요하지? 20대 후반까지는 회사가 코스닥이나 주식시장에 상장될 정도로 규모가 갖춰져야 하고 체계가 있어야 한다. 그러려면 그전엔? 우선 회사 제품이 일반 대중에게 알려져야 한다. 그전엔? 당연히 제품이 있어야 한다. 그러려면? 제품이 소프트웨어니까 기술이 있어야 한다. 그전에 필요한건? 내가 컴퓨터 프로그래밍에 대해서 잘 알아야 한다. 그리고 그에 맞는 다양한 경험을 해보는 거다.

10년 뒤 벤처기업CEO

그전에 기업이 성장필요

그전에 기업과 제품이
대중에게 알려져야 함

그전에 제품이 있어야 함

그전에 제품개발 기술이 필요

당장 컴퓨터 프로그래밍
공부와 경력개발

사업에 실패하고 기업의 전문가가 되어야겠다는 생각을 했을 때도 같은 방법을 사용했다.

10년 뒤에는 컨설팅 회사의 최고실력을 가진 전문가가 되고자 목표를 세운다. 30대 후반에 컨설팅회사 임원정도는 돼야지. 그전에는 기업에 대한 경험이 많아야지. 그전에는 전문가로 활동할 기본은 되어야지. 그러려면 자격증이 있어야 하지 않을까? 공인회계사가 가장 적합한 전문가니까 공부부터 해야지. 회계사 시험에 합격하려면 경영 경제학 28학점이 필요하다. 그러려면 대학에 가야한다. 회계사를 제일 많이 배출하는 대학이 연세대학교 상경대학이다. 거기가려면 수능공부를 해야지.

10년 뒤 경영컨설턴트

- 그전에 기업실무경험 필요
- 그전에 그분야 전문가가 되어야함
- 공인회계사가 가장 좋음
- 회계사 시험에 합격해야 함
- 그러려면 경영경제분야 학점이 필요
- 가장 이름나고 좋은 코스는 연세대학교 상경대학임
- 그러려면 수능을 잘 봐야함
- 지금당장 수능공부에 올인

이런 사고방식으로 수능을 봐서 결국 연세대 경제학과에 입학했다. 이후에 28학점을 만들고 1차 시험에 합격하고 재학 중에 2차 시험에 합격하였다. 그리고 더 큰 목표로 회계뿐만 아니라 다양한 컨설팅을 할 수 있도록 자격증을 취득하고 관련 강의를 찾아듣고, 학회활동도 했다. 졸업하고는 대형회계법인에서 시즌을 경험하고 경영지도사 수습도 받고 7년차 회계사들과 개업도 했다.

이렇듯 역진 귀납법은 10년을 설계하기에 꽤나 유용한 방법이다.

이 두 가지 사례에서 포트폴리오는 어떻게 만들었나? 간단하다. 준비하는 과정 하나하나를 기록으로 남기면서 충실하게 살면 된다. 블로그를 하나 만들어서 매일 도전을 기록해 두거나 SNS를 통해서 하는 과정을 공개한다. 프로그램을 개발할때는 소스코드나 작품들을 모두 저장하거나 프린트하여 책처럼 만들어 두기도 했다. 박스 하나를 사서 차곡차곡 모아두고 명함이나 명찰, 참가를 증명할 수 있다는 각종 서류를 모아서 스크랩해 둔다.

이렇게 쌓인 증거들을 하나로 모아서 스토리를 만들어 본다. 그리고 나만의 역사를 구성하면서 스펙이라고 볼 수 있는 것을 정리하기 시작한다. 하나의 주제로 묶이는 스펙과 포트폴리오는 나를 어필하는 강력한 수단이 된다. 이런 방식으로 하나하나 완성해 나간다면 재미가 생긴다. 지치지 않는다. 결국 성과를 내게 된다.

목표설정의 기술

그냥 목표를 세우는 것은 의미가 없다. '달성 가능한 목표'를 세우는 게 중요하다. 내 경험에 비추어 달성 가능한 목표를 세우는 비결을 알려주겠다.

장기목표가 없다면 일관된 스펙이나 포트폴리오가 나올 수 없다. 장기목표는 일종의 인생목표이기도 하고 '꿈'이기도 하다. 성공하려면 우선 꿈을 가져야 한다. 그 꿈을 구체화하면 장기 목표가 되고 그것을 긍정하고 스스로 담금질하기 위한 단기 실행목표를 세우면 성공에 이르게 된다. 즉 목표 설정을 잘해야 하루하루의 삶의 지침이 나오고 성공으로 향할 수 있다. 목표 설정하는 방법에 대해서 구체적으로 소개하면 다음과 같다.

1. 목표는 장기와 단기로 세분화해야 한다.

미래에 내가 가고자하는 위치와 인생에 대해서 생각해 보라. 앞에서 이미 언급했듯 어려우면 내가 그동안 했던 행동과 삶을 돌아보자. 어떤 일을 할 때 즐거웠는가? 그리고 어떤 것을 했을 때 평생 그 일을 해도 행복할까? 우리 인생은 3분의 1을 일터에서 보낸다. 그러니 어떤 일을 하면서 살지 생각해 보는 것이 가장 중요한 작업이다. 그리고 그 일을 할 때 적어도 불행하지는 않아야 한다.

아직도 어떤 일을 하고 싶은지 모르겠다면? 이것도 앞에서 언급했다. 롤모델을 찾는 것이다. 내가 존경하는 인물을 찾아보자. 그 인물이 어떤 삶을 살았고 추구하는 가치는 어떤 것인가? 멀리서 찾지 않아도 된다. 부모님이나 친척이 롤모델이 되어도 상관없다. 그리고 최대한 내가 현실적으로 따라할 수 있는 인물이면 더 좋다.

내 인생의 꿈과 목표를 찾았다면? 다음엔 그 목표를 이루려면 어떤 일들이 선행되어야 하는지 생각해 봐야 한다. 이건 바로 앞에서 말한 역진귀납법(Backward Induction)을 사용하면 쉽게 해결된다. 이렇게 10년 혹은 20년 후의 내 삶에 대해 그려보고 중기적으로 5년 안에 어떤 스펙이 필요한지, 그리고 1년내에 어떤 성취가 있어야 하는지, 그러려면 지금 무엇을 해야 하는지를 계획하면 된다.

2. 목표는 도전적이면서 달성하기 쉬워야 한다.

목표를 세울 때 너무 추상적이어서 달성이 애매하면 안 된다. 예를 들면, '백만장자 되기'가 목표라고 해보자. 어떤 방법으로 이를 달성할 수 있을까? 그리고 애초부터 내가 달성할 수 있기는 한건가? 이런 의문이 생기는 순간 구체적인 세부계획이 나오기 어렵다. 목표는 구체적이고 달성이 가능해야 한다.

목표는 적어도 "OO시험에 합격해서 그 분야에서 이름을 날리고 나만의 법인 차리기", "고위직 공무원이 되어 우리나라에 필요한 정책을 수행하며 살기", "국회의원이 되어 가난한 사람들을 위한 입법에 적극적으로 나서며 살기” 등 구체적이고 현실에서 가능성이 높은 목표이면서 나에게 조금 난이도가 높은 목표를 설정하는 것이 좋다.

3. 목표를 설정하면서 보상도 설정하자.

보상이 없는 목표는 앙꼬 없는 찐빵이다. 인생 목표를 설정하는 것은 달성자체가 보상일 수 있다. 그러나 단기 목표는 다르다. 그 목표를 달성하는 과정은 매우 고통스럽고 지루할 수 있다. 일주일이나 하루 단위의 목표를 설정하고 그것을 지켜 나가는 데 있어서 금방 지칠 수 있단 말이다. 대부분 슬럼프에 빠지는 이유가 여기에 있다.

나는 3년 정도 안에 공인회계사 합격하기를 목표로 삼은 적이 있다. 그리고 그것을 위해서 단기적으로 모의고사 성적 향상이라든지, 하루 14시간 공부라든지 일주일에 강의 40강 수강과 복습과 같은 단기 목표를 세우고 반드시 달성했을 때 스스로에게 보상을 주었다. 보상은 간단하다. 달성했을 때 맛있는 것을 먹거나 영화를 보거나 놀러가는 것이 제일 쉽다. 사귀는 연인이 있다면 도전적인 목표를 달성했을 때 함께 여행을 다녀와도 좋을 것이다. 이러한 보상과 휴식은 오히려 활력을 주어 일을 지속할 수 있게 해준다.

4. 목표는 내가 가장 의지하는 사람에게 알리자.

보통 목표를 세우고 실패를 두려워해 누구에게도 알리지 않는 경우가 있다. 이럴 경우 목숨 걸고 그 목표를 달성할 동기부여도 작아진다. 목표를 세웠고 지키고자 한다면 내가 가장 의지하는 사람에게 알리는 게 좋다. 그리고 중간에 목표를 수정하게 되더라도 큰 틀에서는 노력하는 모습을 계속 보여주도록 한다. 그러면 신기하게도 열심히 노력하는 나 자신을 발견할 것이다.

나는 어머니를 그런 존재로 활용했다. 처음에 연세대학교 입학이라는 목표를 잡았을 때 수능공부를 해야 했다. 하루 최소 12시간을 공부만 해야했고 문제집을 이틀에 한 권씩 풀자는 공격적인 목표도 세웠다. 그리고 바로 어머니에게 그 목표달성을 매일 체크하고 이야기를 나눴다. 이 과정에서 달성하지 못할까봐 매일 어떻게든 목표치를 채웠고 칭찬을 들으면서 더 의지를 불태웠다. 이렇게 하면 1년도 거뜬히 버틸 수 있다. 노력한 만큼 성과도 나올거라고 생각한다.

〈향후 5년간의 계획을 짜보세요〉

각 연도별 계획은 자기가 지금부터 5년 동안 지켜나감으로 인해 결국 10년 후의 목표를 달성할 수 있어야 합니다. 그 과정에서 어떤 스펙과 역사가 담긴 포트폴리오를 결과물로 남길지 고민하면서 계획을 세워보세요.

1년 차 (　　　년도)	
2년 차 (　　　년도)	
3년 차 (　　　년도)	
4년 차 (　　　년도)	
5년 차 (　　　년도)	

자격증을 취득하면 좋은 점

" 자격증은 그 분야의 일을 할 수 있는 기회를 잡는 가장 쉬운 방법이다. 고시급 자격증들은 자격증의 소지만으로도 전문가로 인정받을 수 있다. 자격증과 함께 경력과 실력을 갖추면 전문가로 성장할 수 있을 것이다. "

자격증이 많다고 해서 그 일을 잘하는 것은 아니다. 확실히 자격증은 그 일에 대한 최소한의 지식이 있다는 것을 증명하는 서류에 불과하다. 그러나 자격증이 없는 사람은 시작조차 못하는 일들을 자격증 덕분에 할 수 있게 된다. 자격증은 일을 시작함에 있어서 일종의 기회를 제공해 주는 도구라고 보면 된다. 자격증이 있다면 그다음으로 경력이 중요한데 두가지 모두를 갖춘 경우 전문가로 인정받기 때문이다.

공인회계사나 감정평가사, 노무사, 법무사, 변리사 등 자격증을 보유한 경우에는 그 분야의 전문가로 인정받는다. 자격증의 보유만으로 국가에서 일정한 권한을 부여받아서 독점적으로 업무를 수행할 수 있다. 자격증이 있다는 사실만으로 보장되는 것들이 크기 때문에 이러한 자격증은 준고시라고도 부른다. 실제로 난이도는 행정고시와 공무원시험에 버금가거나 실제로는 더 높을 수도 있다.
자격증이 있으면 업무경험을 할 수 있는 기회도 넓어지며 그 분야의 전문가라는 주변의 인식이 생기면서 좋은 오퍼도 많이 들어오게 된다. 실제로 나는 공인회계사 시험에 붙고 나서 대형법인에서 스카웃 제의를 많이 받았고, 개업을 하고 나서도 학원이나 기업에서 강의의뢰도 많이 왔다. 내 전문분야가 부동산이 아니었음에도 불구하고 양도소득세 강의를 한 적도 있고, 군대에 장교로 복무하는 동안은 연말정산이나 소득세 관련된 강연에 불려 다니기도 했다. 그 기회를 통해서 나를 충분히 어필할 수 있었고 제주도처럼 휴양지에 출장을 다닐 기회도 많았다.

자격증이 있다는 것은 그 분야와 나를 동일시하는 효과도 있다. 내가 회계사 자격증이 있기 때문에 회계나 기업관련된 일이 있다면 나를 먼저 찾는다. 세무사 자격도 받았는데, 그 덕분에 세금관련된 상담은 나에게 온다. 이처럼 자격증은 그 분야와 나를 연결해 주는 기능을 한다.

다만, 실력과 지식은 기본이다. 실력이 없으면 나에게 기회가 오더라도 제대로 그 일을 처리하지 못한다. 오히려 욕만 먹고 끝날 수도 있는 것이다. 실제로 무리하게 대기업의 업무를 가져와서 처리한 다음 그 일이 잘못되어 검찰수사를 받거나 소송에서 거액의 손해배상금을 물어준 회계사들도 많이 보았다. 자격증을 취득한 후에는 경력을 쌓고 그 분야의 지식과 실력을 쌓아야 하는 이유가 여기에 있는 것이다.

경력과 지식을 모두 갖춘 전문자격사는 미래에 기계가 인간의 단순노동을 대체하더라도 지속적으로 살아남을 수 있는 힘이 있다고 본다. 업무는 기계가 하더라도 의사결정은 사람이 하기 때문이다.

영어를 공부하는 이유

" 영어를 공부해야하는 이유는 간단하다. 정말 무엇보다 필요하니까 해야하는 것이다. 나는 영어가 중요하다는 것을 고등학교에 올라가면서 절실하게 깨달았다. 그것도 벤처기업을 창업하고 말이다. 나는 일부러 실업계 고등학교에 진학하여 벤처창업대전 본선까지 진출했고 이후에 장관상까지 받고 사업을 접었다. 영어를 못해서 외국인들과 거래를 놓지고 영어를 못해서 유학 갈 생각조차 못했다. 수능을 위해서 본격적으로 영어를 공부했는데, 이후에 대학에 가서도 영어는 어떤 과목보다 치열하게 공부했다. 지금은 토익이나 고급영어를 넘어 나름 영어를 한다는 편에 속한다. "

영어공부 꼭 해야 하나?

영어를 공부해야하는 이유는 간단하다. 필요하니까 보는 것이다. 어디에 필요한데? 우리나라는 영어권 국가와 교류가 많다. 특히 미국이나 유럽, 영어를 사용하는 10억 인구와 거래하려면 영어를 해야한다. 아니, 잘 해야한다. 취업에서 보니까. 대학 입시에서 보니까. 이처럼 1차원적으로 영어공부를 시작하면 절대로 잘 할 수 없다. 정말 시험을 위해서 공부한다고 하면 시험의 목적인 일정 점수를 획득하고 나면 영어를 손에서 놓게 된다. 이때부터는 다시 실력이 퇴보된다.

가끔 한국어도 제대로 못하면서 무슨 영어공부를 하냐는 말도 적지 않게 들린다. 모국어인 한국어가 우선이라는 심정에 나도 동의한다. 그러나 미래의 경쟁력을 생각한다면 강력한 무기를 갖추는 것이 필요하다. 국어를 잘하는 것도 중요하지만 국어를 잘한다고 해서 티가 잘 나지 않는다. 경제학적으로 이를 한계 생산성이 체감했다고 말한다. 국어를 잘하는데 들이는 노력대비 효과가 엄청나게 큰 것도 아닌듯 하다.

영어는 투입하는 노력대비 그 효과가 엄청나다. 취업이나 입시, 비지니스를 할때에도 영어는 빠지지 않는다. 심지어 공무원시험이나 공기업시험, 각종 자격시험에서도 영어는 일종의 통과의례로 자리잡았다. 한 번 제대로 공부해 두면 이처럼 많이 써먹는 공부도 없다. 게다가 질하면 잘할수록 더 많은 기회를 잡게 만들어주는 것이 영어다. 영어를 잘하면 해외로 나갈 기회를 잡을 수 있으며, 국내에 진출한 외국인들과 거래할 기회도 늘려나갈 수 있다. 영어로 번역할 일이 생기면 그와 관련된 비용을 아낄 수 있고 다른 사람들보다 더 빠르게 외국의 최신의 자료를 활용할 수 있게 된다. 양질의 자료는 대부분 영어로 되어있는 것이 현실이며 이를 빨리 다듬어서 사용할 수 있다는 사실 자체가 매우 큰 무기다.

영어는 글로벌 시대를 살아가는 우리에게는 선택이 아닌 필수다. 그냥 동내에서만 살아가려고 하더라도 주변 사람들은 이미 영어를 통해서 많은 혜택을 누리는데 나만 손해볼 필요는 없지 않은가.

영어를 잘하려면 절실해야 한다

나는 영어공부를 고등학교때 본격적으로 시작했다. 초등학교때는 노는데 정신이 팔려서, 혹은 아르바이트에 빠져서 공부는 해본 기억이 없다. 중학교때는 장사를 하고 싶어서 수업시간에는 잠만 잤다. 시험기간을 제외하고는 공부를 하지 않았다. 창업을 위해서 실업계 고등학교에 진학했고 데모닉스라는 기업을 차려서 경영하느라 바빠서 고1때는 컴퓨터 프로그래밍에만 올인했다. 다행히 프로그래밍 소스코드와 코딩을 하려면 영어가 필요해서 독학을 한게 영어공부의 시작이 되었다. 정말 필요해서 공부하다 보니 어떻게든 자주 보려고 하고 주변에 물어보기도 하면서 어떻게든 실력을 늘려나갔다.

영어공부를 잘하려면 우선 영어가 절실해야 한다. 컴퓨터 프로그래밍을 위해서 영어공부를 절실하게 하다 보니 기본적인 해석정도는 가능하게 되었다. 취업을 위해서 국제자격증을 따려다 보니 이해되는 부분을 늘려가면서 영어듣기 파일을 수십번 반복했다. 영어로 설명된 실습파일을 반복하면서 완전한 해석은 못했지만 어렴풋이 어떤 내용이겠다는 느낌부터 늘려나갔다. 영어도 언어고 의사소통 수단이다 보니 익숙해지고 자주 사용할 수록 늘게된다.

영어실력을 급상승시키게 된 계기는 수능이었다. 나는 고등학교 3학년 3월 전국모의고사에서 영어성적이 6등급이었다. 정말 듣기시간에는 멍한 상태로 문제를 흘려보냈으며, 독해문제 몇문제 풀다가 시간이 지나서 찍어야 했다. 정말 초등학생 수준이라는 것을 그때 느꼈다. 그런데 처음 사업을 말아먹고 고3이 되었을 때 어떻게든 서울대학교에 가고 싶었다. 당시 컴퓨터 프로그래밍 분야에서는 나를 천재라고 인정해 주던 시절이라 수능도 잘 할거라고 착각했었다. 수능에서 국어나 수학은 영어보다는 자신 있었다. 영어가 가장 급했다.

고3이지만 초등학생 수준이라면 빨리 초등학생 수준에서 벗어나야 한다. 나는 이런 생각으로 초등학생들이 가장 많이 보는 리딩튜터라는 그림책(?) 초등학생버잔을 사서 보기 시작했다. 일주일만에 초등학생들이 보는 문제집을 끝내고 그 다음 일주일만에 중학생들 보는 리딩튜터를 모두 끝냈다. 듣기 테이프도 사서 걸어다니면서, 목욕을 하면서, 밥을 먹으면서도 미친듯이 들었다. 정말 단기간에 문제집 몇십권과 듣기 테이프 한상자를 다 끝내고 나니 영어실력이 급상승 했다. 2개월 정도 만에 3등급을 올렸고 결국에는 1등급까지 올렸다.

대학에 가서도 영어는 절실하게 공부했다. 내가 초등학생 수준에서 벗어난지 얼마 안 된 사람이라고 열등의식을 가지고 있었다. 정말 겸손해지려고 노력했다. 연세대학교에 진학해서는 외국살다 온 학생들이 주로 수강하는 고급대학영어에서 두학기 연속으로 A+를 받았고 전공수업의 상당수를 영어로만 진행하는 수업에서 A+를 받고 최우등으로 졸업하였다. 토익점수도 작년에 940점 받으면서 영어는 이제 어느 정도 수준으로 올린듯 하다. 외국인과도 어느 정도 의사소통이 가능할 정도이니 많이 발전한 것이다.

직장에 다니면서도 영어가 제일 중요하다는 이야기를 듣다보니 필요성을 실감하고 열심히 영어를 공부하게 된다.

영어공부 어떻게 했나

나는 영어공부할때 문법공부는 거의 하지 않았다. 그래서 토익이나 수능에서 영어 만점은 못받은 것 같다. 문법책은 공부한다기 보다는 10번정도 읽고 암기하는데에 그치고 나머지 공부시간은 많은 글을 읽고 최대한 많이 들으려고 했다. 대학에 가서는 영어로 된 소설책과 미국드라마를 영어자막으로 엄청나게 봤다. 틈만나면 영어뉴스를 즐겨듣고 따라서 말해보기도 했다.

영어는 많이 쓰면 쓸수록 실력이 는다. 해석이 잘 되지 않아도 많이 읽고 많이 들으면 내용이 이해되는 순간이 온다. 단어도 많이 외울수록 좋은게 단어만 암기하기보다는 글 속에서 모르는 단어가 나올 때마다 사전을 찾아보는 것이 도움이 된다. 글 속에서 단어를 찾아서 암기하는 것이 전체 맥락과 함께 더 잘 기억되기 때문이다.

영어공부의 왕도는 없다. 닥치는 대로 많이 하는게 답이다. 영어에 시간을 투자하지 않는 이상 영어실력은 제자리에 머무를 것이다. 지금이라도 틈나는 대로 영어공부하길 권한다.

제3장

공부 : 누구에게나 통하는 공부기술

몰아치기보다 꾸준함

" 게으름을 없애려는 의도적인 노력이 모이면 공부하는 것이 습관이 된다. 쉬는 시간에도 틈틈이 뭔가를 계속하려는 관성이 생기는 것이다. 이렇게 되면 합격에도 큰 도움이 되며, 합격하고 업무를 하면서도 놀라운 성과를 만들어 낼 수 있다. "

수험생이 고통스러운 것을 지속하는 데는 크나큰 의지가 필요하다. 공부를 처음부터 좋아하는 사람은 거의 없다. 뭔가 자극이 되어 공부를 계속 하는 것이다. 공부가 일시적인 것이 되어서는 성과가 날 수 없다. 공부를 바짝 열심히 하고 쉬어서는 시험에 합격할 수 없다. 보통 공부를 열심히 하던 학생이 중간에 쉬거나 슬럼프에 빠지는 이유는 게을러지려는 습관 때문인 경우가 많다.

처음 공부를 시작했으면 엄청난 양을 한 번에 하려기보다는 꾸준히 쉬지 않고 하겠다고 생각하는 것이 합격에 유리하다. 많은 양을 한 번에 하다가는 분명히 과부하가 걸리게 되어 있다. 엄청난 의지로 이를 극복하고 절대량 자체를 늘려서 지속할 수 있다면 좋겠지만 처음부터는 무리일 수 있다.

꾸준히 하려면 일정한 기간단위로 공부할 분량을 할당하는 것이 좋다. 다만 매일 시간과 분단위로 세세하게 계획해서 공부하는 것은 실패한다는 것을 수많은 경험을 통해서 증명되었다. 수험생은 기계가 아니다. 인간의 속성상 꾸준한 공부를 위해서는 일정량을 일정기간동안 끝내면서 이것이 재미있어야 한다. 공부하면서 실력이 오르는 것을 느낄 때가 가장 재미있다. 수험생은 그 과정에서 보람을 느끼면서 합격에 대한 기대가 커질수록 노력할 가능성이 커진다.

의미 없는 시간을 최소화하면서 공부를 꾸준히 하기 위해서는 일부러라도 부지런해질 필요가 있다. 아침에 남들보다 10분이라도 일찍 교실에 가서 공부를 한다거나 점심시간을 단축하고 짬 시간에 공부를 하는 등 게으름을 의도적으로 없애야 한다. 그렇게 하면 공부에 탄력이 붙고 노력하는 것 자체가 습관이 된다. 게을러질 틈이 없어지는 것이다.

재미있는 것은 나도 이렇게 하여 시험에 합격했는데, 시험에 합격하고 업무를 할 때도 이렇게 짬시간을 활용해서 리서치를 하고 더 잘하려고 노력한다는 것이다. 게으름이 없는 것이 일상이 되어 버리는 것이다. 이게 습관이 되면 당장은 성과가 눈에 보이지 않을 수도 있다. 그러나 1달, 1년, 10년이 되면서 그 효과는 어마어마하게 커진다.

우등생DNA

" 우등생이 되는 DNA는 생각보다 쉽게 만들 수 있다. 성취 경험을 지속적으로 쌓아 가다보면 어느새 상위권 우등생이 되어 있을 것이다. 그 경험을 빠르게 할 수 있는 방법이 필요한데 가장 쉽게 끝낼 수 있는 책 1권에서 시작하면 된다. "

나도 열등생이었을 때가 있었는데 공부를 잘하게 된 결정적인 시작점은 단순한데에 있었다. 생각해보면 성취경험이 쌓이면서부터 공부가 재미있어지고 결국 그것들이 누적되어 최상위권까지 갈수 있었다고 본다. 여기서 성취경험은 공부에 대한 성취경험을 말하는데, 책 한권을 내 스스로 끝냈을 때 이런 느낌이 생긴다. 이런 느낌이 반복되면 우등생 DNA가 생겨서 어딜가나 성취를 위해서 공부하게 되는 학생으로 변신하게 된다.

첫 시작은 어떤 종류의 책이어도 상관이 없다. 나는 고등학교 때 영어그림책 한권을 내 손으로 끝낸 것이 공부 DNA 만들기의 시작이었다. 이때 절대로 타인의 강요나 학원과 같은 외부의 도움을 받지 않고 스스로의 필요에 의해서 해야 한다. 남이 시켜서 하면 시키는 사람이 사라졌을 때 공부 지속력이 급격히 떨어지며, 타인의 도움을 받아서 하다보면 도움이 없으면 어떻게 공부해야 할지 모르는 바보가 된다.

우등생이 되고 싶다면 최대한 빠른 시일 내에 끝낼 수 있는 책을 하나 구하자. 그리고 밑줄을 그어가면서 한 번 끝까지 읽고 다 끝냈을때의 기분을 책에 메모를 하거나 일기장에 적어놓는 것도 좋다. 기록을 해 두어야 나중에 몇 권을 보고 얼마나 공부했는지 뒤 돌아 보면서 보람도 느끼고 스스로 동기부여를 시킬 수도 있다.

이렇게 스스로 한 권을 완전히 끝냈다면 이제 준비하는 시험의 수험서 중에서 가장 얇은 문제집(기출문제집이 가장 좋다)을 하나 사서 처음부터 끝까지 이해가 되지 않더라도 샤프로 밑줄도 그어가면서 다 풀어보자. 풀리지 않아도 상관없다. 해설을 읽으면서 대략적인 이해만이라도 하고 넘어가면 된다. 이렇게 문제집 한 권을 끝내고 과목별로 이 작업을 한 바퀴 돌린다. 아마 다 끝내고 나면 5권 이상의 문제집을 끝낸 니의 모습에 놀라있을 것이다. 나도 그랬다. 이렇게 한 권 두권 쌓이다보니 수십권은 순식간에 훑듯이 풀어볼 수 있었다. 이때 나도 합격할 수 있겠다는 느낌이 들기 시작한다. 자신감도 점점 상승하는 것이 느껴질 것이다. 이런 상태에서 봤던 문제집을 회독수를 늘려가면서 반복하면 내용이 점점 내 것이 된다. 이렇게 공부하는 습관을 들여놓으면 어떤 공부를 시작해도 두렵지 않게 시작할 수 있다. 어떤 공부를 해도 잘할 수 있는 우등생 DNA를 만들게 되는 것이다.

효율적 과목 배분

> "시험은 모든 과목이 같은 비중이 아니다. 분명히 중요한 과목과 덜 중요한 과목이 있게 마련이다. 가장 중요하고 배점이 크고 영향력이 큰 과목부터 마스터하는 것이 단기 합격의 비결이라고 할 수 있다."

공부에도 우선순위가 있다. 어떤 과목부터 시작해야 되냐는 질문을 정말 많이 받았다. 내가 합격의 신처럼 알려지면서 블로그나 이메일로 아직도 질문을 받고 있는데 나는 준비하는 시험에서 가장 중요한 과목부터 시작하라고 한다. 내가 오히려 암기과목부터 시작했다가 시험에서 오랫동안 합격을 못한 경험이 있기 때문이다.

보통 수능의 경우에는 수학〉영어〉국어 일 것이고 사람마다 강약이 다르기 때문에 순서는 다를 수 있다. 회계사 시험의 경우에는 회계학이 1차시험과 2차시험 통틀어 배점이 가장 크고 다른 과목에 영향력이 막강하므로 그것부터 시작해야 한다. 사법시험이나 변호사시험의 경우에는 민법이 가장 양도 많고 영향력이 큰 과목이다. 그렇기 때문에 민법부터 공부하는 것이 답이다. 공무원 시험에서는 공통과목인 국어, 영어, 한국사 등에서 고득점이 나와야 수월하게 합격할 수 있기 때문에 이런 과목부터 제대로 마스터해야 한다. 모든 시험에는 중요한 과목과 덜 중요한 과목이 존재한다. 모든 과목에 같은 강도로 접근하면 과목간의 시너지효과도 누리지 못할 뿐만 아니라 1차 시험과 2차 시험으로 나누어져 있는 시험의 경우에는 1차 시험을 붙고 2차 시험이 오래 걸리는 최악의 상황에 처하게 된다. 내가 많은 시험에서 동차합격할 수 있었던 비법 중 하나가 가장 핵심이 되고 투입대비 효과가 좋은 과목부터 제대로 마스터했기 때문이라고 생각한다.

나의 한계 체크하기

" 나는 고3올라가는 겨울방학 때 낮과 밤을 바꾸고 하루 20시간씩 2주동안 공부한 적이 있다. 그냥 공부하다가 죽어도 좋다고 생각했다. 이렇게 공부하자 불가능하다고 생각되었던 국제자격증 시험에서 986점으로 합격했다. 거의 수석이었다. 이렇게 두 달 동안 어려운 시험 10개를 패스할 수 있었다. 그리고 이를 계기로 수능 6등급이었던 내가 서울대학교를 목표로 하게 되었다. "

한때 나는 방학동안 일부러 낮과 밤을 바꿔서 생활해 본 적이 있다. 그게 고3 올라가는 겨울방학이었다. 무엇을 공부했냐고? 당시 대학에 진학할지 외국계기업에 취업을 해야 할지를 두고 방황하던 시기였다. 잘하는 것은 컴퓨터 프로그래밍이기 때문에 관련된 국제자격증을 취득하자는 생각으로 밤을 새기로 했던 것이다.

당시 내 방은 좁았고 책상을 두면 바닥에서 발을 뻗고 자기 힘들었기 때문에 일부러 의자를 밖으로 빼고 책상 아래 틈에 들어가서 엎드려서 누워서 공부했다. 앉아서 공부하면 허리도 아프고 집중이 되지 않아서 그냥 겨울이므로 이불을 덮고 하루종일 공부만 하자는 생각으로 방을 이렇게 만들었다.

당시 1년을 공부해도 따기 힘들다는 미국 시스코사의 CCNA, 마이크로소프트사의 MCSE, 선마이크로시스템즈사의 SCJP 등 유명한 국제자격증을 취득해서 미국회사에 도전해보려고 했다. 그런데 나에게 주어진 시간은 두 달이 채 되지 않았다. 공부량은 교과서는 자격증 하나당 5권, 문제은행은 자격증 하나당 1,000문제, 실습용 CD는 강의를 듣는 데만 50시간을 들어야 했다. 나는 일부러 1주일에 시험 하나씩을 예약했다. 990점 만점에 700점을 넘어야 붙는 시험이므로 일주일을 미친 듯이 암기해보고 합격하지 못하면 빨리 포기하려고 했다.

첫 시험의 공부기간은 넉넉하게 2주를 잡았다. 2주동안 5권과 1,000문제와 50시간의 강의를 반복해야 한다. 그렇게 나는 공부를 시작했다. 새벽 6시까지 잠을 자지 않고 집중하여 문제를 풀면 이틀에 1,000문제를 다 볼 수 있었다. 하루 20시간 공부하고 잠깐 자고 일어나서 계속 공부를 했다.

이렇게 2주동안 공부하고 나는 설마 붙겠냐는 생각으로 시험장에 갔다. 그리고 시험보는 내내 불안했지만 끝까지 포기하지 않고 시험을 치렀다. 결과는 990점 만점에 986점. 기적이 일어났다. 그런데, 신기하게도 시험이 끝났는데도 모든 문제와 실습이 머릿속에 맴돌고 있었다. 목숨을 걸고 죽어라 공부한 결과였다.

인간은 극도로 노력을 할 경우에 못할 것이 없는 존재다. 초인적인 힘을 발휘하는 순간이 누구에게나 오는데 공부도 마찬가지다. 정말 간절하게 미친 듯이 공부하면 불가능해 보이던 시험에서도 놀라운 결과를 낼 수 있다.

지금도 열등생에서 머물고 있다면 한 번 죽도록 공부해볼 필요가 있다.

노력은 생존의 필요조건

" 고시에 붙고 나서 대학수업에서 정말 생존을 위한 공부를 경험했다. 답이 없는 문제들을 매주 과제로 받아서 답에 가까운 솔루션을 제출하는 과정에서 답이 없어도 나만의 논리로 답을 만들어내는 능력이 생겼다. 이런 훈련이 될 정도면 어떤 시험이든 쉽게 합격할 수 있는 내공이 생긴다. "

나는 경제학과 4학년 때 정말 하루 종일 공부하지 않으면 살아남지 못한다는 생각을 한 적이 있다. 이미 회계사 시험에 합격했고, 다양한 자격증을 취득했으며 취업도 보장된 상태였다. 그러나 나는 1등으로 졸업하길 원했다. 이왕 공부한 것에서 최고가 되고 싶었다. 현실에 적용하기 위한 실력, 그리고 누구보다 내 전공에서 자신감을 가진 졸업생이 되고 싶었기 때문이다.

일부러 게임이론의 파생과목인 산업과 전략이라는 대학원 진학자들을 위한 고급과목을 들었다. 정말 교수님도 어려워할 정도의 노벨경제학자들의 논문들과 유명한 논문을 가지고 수업이 진행되었다. 그 논문의 논리를 정리해서 강의를 듣고 과제로는 답이 없는 문제를 교수님께서 내주시면 학생들은 어떻게든 답을 제출해서 평가를 받아야 했다. 수업은 정말 수학적으로 엄밀하고 직관으로는 이해하기 힘들 정도로 어려운 수식으로 가득했다.

나는 이 과목에서 조차 1등을 해야겠다는 생각을 했다. 최고가 되고 싶다는 일념은 나를 괴롭게 했다. A+를 5명만 준다는 말에 나는 어떻게든 풀리지 않는 과제를 풀기 위해서 도서관에서 논문을 찾아보느라 대부분의 시간을 사용했다. 이 때 문제를 연습장에 10번은 넘게 썼던 것 같다. 나중에는 학생들이 모두 이 과목 자체를 이기기 위해서 연합했다. 나는 스터디를 만들어서 함께 풀리지 않는 문제들을 분배하여 풀릴 때까지 해결하여 가져와서 토론을 통해서 정답에 가까운 솔루션을 도출해 나갔다. 답은 없지만 답에 근접한 솔루션과 증명들로 과제와 답안을 채웠다.

살아남기 위해서 살벌하게 공부하는 것이 무엇인지 이 때 배웠다. 고시공부와는 다른 차원이었다. 정말 최고의 학생이 되기 위해서는 있는 답을 암기하고 현출하는 고시공부방식은 기본이고 답이 없으면 내가 논리를 짜서 도출할 수 있는 수준까지 가야한다고 생각한다. 나는 이런 훈련 덕분에 손해사정사시험에서 모르는 문제가 나왔을 때 문제의 단서만 보고 답을 도출하여 제출해서 과락을 넘길 수 있었고, 감정평가사 시험에서 다들 어렵다는 문제의 답을 명쾌하게 나의 논리로 써서 제출할 수 있었다.

어느 정도 수준을 넘기면 사실 공부는 양보다는 질이다. 그 수준까지 가기 위해서는 수많은 연습과 훈련이 필요하기 때문에 기초는 많은 양의 공부로 채워져 있어야 한다. 공부할 때는 생존을 위한 공부라고 생각하고 살벌하게 할 필요가 있다. 잠도 줄이고 끼니도 거를 정도로 집중해서 공부하는 것이 최상위권으로 가기 위해서는 필요하다.

언제 어디서든 공부하기

" 공부는 장소를 따져가며 할 것이 아니다. 정말 최상위권 학생들은 언제 어떤 상황에 내 놓아도 공부를 한다. 이정도의 정신력과 마음가짐이어야 최고의 성적을 만들어 낼 수 있다. 쉬운 시험을 준비하는 것이 아니라면 언제 어디서라도 공부할 수 있어야 한다. "

장소 때문에 공부를 못한다는 것은 핑계다. 나는 어두운 곳에서 후레쉬를 키고 공부를 한 적도 있고, 화장실에서 공부하기도 했고, 심지어 목욕을 하면서 공부한 적도 있다. 버스나 지하철에서 이동하면서도 책을 손에서 놓지 않는 것은 일상이 되었다. 급하면 어디서든지 하게 된다. 그런 마음가짐이 상위권으로 가게 만드는 원동력이 된다.

꼭 정 자세로 앉아서 공부해야 공부가 잘 되는 것이 아니다. 나는 침대에 누워서 공부하기도 했고, 엎드려서 공부를 자주 했다. 장소와 자세를 따지다가 낭비되는 시간을 최소화하고 장소와 상관없이 손에 책을 든다는 생각으로 공부하기 바란다. 그런 생각을 가지고 공부할 때 최상위권으로 거듭날 수 있다.
연애를 할 때 일이다. 여자친구와 데이트는 너무 하고 싶고 공부는 꼭 해야 하는 딜레마 상황이 자주 반복되었다. 공부와 연애를 함께 할 수 없을까? 고민에 고민을 거듭하고 내가 택한 방법은 첫째로 여자친구와 같이 공부하는 것이었다. 따로 공부를 하고 대신에 일주일에 한 번 데이트할 시간을 마련하기도 했다. 하지만 시험이 가까워지면 데이트 중에도 마음이 초조해지곤 했다. 그래서 여자친구와 데이트하는 중간중간, 버스에서나 영화관에서 영화가 시작되기 전 기다리는 틈틈이 책을 보기도 했다. 다행히 여자친구도 이해해주었기에 가능한 일이었다.

나는 공부는 태도가 절반이상 좌우한다고 생각한다. 어떻게든 합격해야한다는 생각으로 방법을 강구하고 공부에 몰입하는 태도라면 언젠가는 합격하게 되어있다. 이런 마음으로 공부하고 연습한다면 당연히 실력과 점수는 오를 것이다.

물론 사람마다 공부가 더 잘 되는 장소나 상황이 존재하고, 가능하다면 그런 환경에서 공부하는 것이 가장 최선일 것이다. 하지만 "나는 이런 환경에서는 공부 못해"라는 생각은 버리고, 언제 어디서든 공부할 수 있도록 마음을 무장하는 것이 필요하다.

답안지는 일종의 보고서

" 답안지는 채점자가 보기 편하게 작성해서 내야 한다. 보기 좋은 답안지일수록 점수도 높게 나오는 것이 정상이다. 물론, 수학이나 회계처럼 답이 정해져 있는 과목은 답이 맞는 것이 1차적인 목표이겠지만, 서술형 시험의 경우에는 글씨체와 답안의 비주얼은 10점 이상 좌우하는 중요한 요소이다. 답안지 작성에 정답은 없다. 자신만의 개성을 가지면서 채점자가 좋아할만한 답안지를 꾸준히 연구하자. "

아래의 답안지는 내가 연세대학교 경제학과에서 4학년 전공과목에서 1등을 했던 답안이다. 당시 산업과 전략이라는 고급과목이었는데, A+는 몇 명되지 않았다. 고시답안지도 마찬가지고 어떠한 시험이든 주관식 답안지는 채점자를 위해서 작성해야 한다. 점수는 채점자가 주는 것이지 내가 점수를 매기는 것이 아니기 때문이다.

답안작성에 정답은 없다. 다만 채점자가 감동해야 최고점수가 나올 수 있다. 아래 답안을 참고하여 스스로 어떻게 답안을 써야 채점자가 감동할 수 있을지 연구해 보길 바란다.

〈연세대 전공과목 모범답안〉

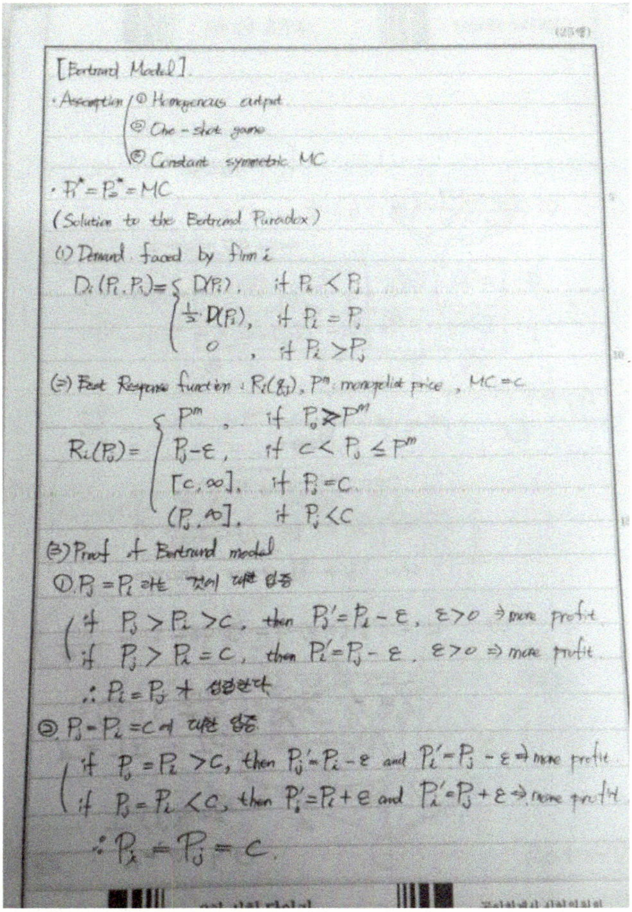

[Bertrand Model]

· Assumption
① Homogeneous output
② One-shot game
③ Constant symmetric MC

· $P_1^* = P_2^* = MC$

(Solution to the Bertrand Paradox)

(1) Demand faced by firm i

$$D_i(P_i, P_j) = \begin{cases} D(P_i), & \text{if } P_i < P_j \\ \frac{1}{2} D(P_i), & \text{if } P_i = P_j \\ 0, & \text{if } P_i > P_j \end{cases}$$

(2) Best Response function : $R_i(P_j)$, P^m: monopolist price, MC = c

$$R_i(P_j) = \begin{cases} P^m, & \text{if } P_j \gtrsim P^m \\ P_j - \varepsilon, & \text{if } c < P_j \le P^m \\ [c, \infty], & \text{if } P_j = c \\ (P_j, \infty], & \text{if } P_j < c \end{cases}$$

(3) Proof of Bertrand model

① $P_j = P_i$ 라는 것에 대한 입증

if $P_j > P_i > c$, then $P_j' = P_i - \varepsilon$, $\varepsilon > 0$ ⇒ more profit.
if $P_j > P_i = c$, then $P_i' = P_j - \varepsilon$, $\varepsilon > 0$ ⇒ more profit.

∴ $P_i = P_j$ 가 성립한다

② $P_j = P_i = c$에 대한 입증

if $P_j = P_i > c$, then $P_j' = P_i - \varepsilon$ and $P_i' = P_j - \varepsilon$ ⇒ more profit.
if $P_j = P_i < c$, then $P_i' = P_i + \varepsilon$ and $P_i' = P_j + \varepsilon$ ⇒ more profit

∴ $P_i = P_j = c$.

〈연세대 전공과목 모범답안〉

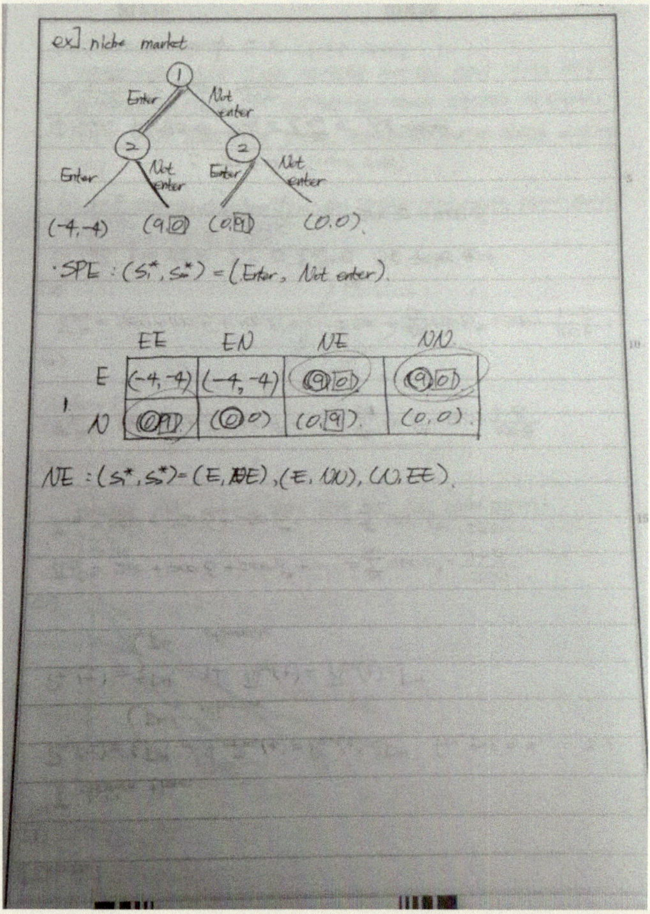

ex] niche market

1
Enter / Not enter
2 2
Enter / Not enter / Enter / Not enter

(-4, -4) (9, 0) (0, 9) (0, 0).

· SPE : (s_1^*, s_2^*) = (Enter, Not enter).

	EE	EN	NE	NN
1 E	(-4, -4)	(-4, -4)	(9, 0)	(9, 0)
N	(0, 9)	(0, 0)	(0, 9)	(0, 0).

NE : (s_1^*, s_2^*) = (E, NE), (E, NN), (N, EE).

〈연세대 전공과목 모범답안〉

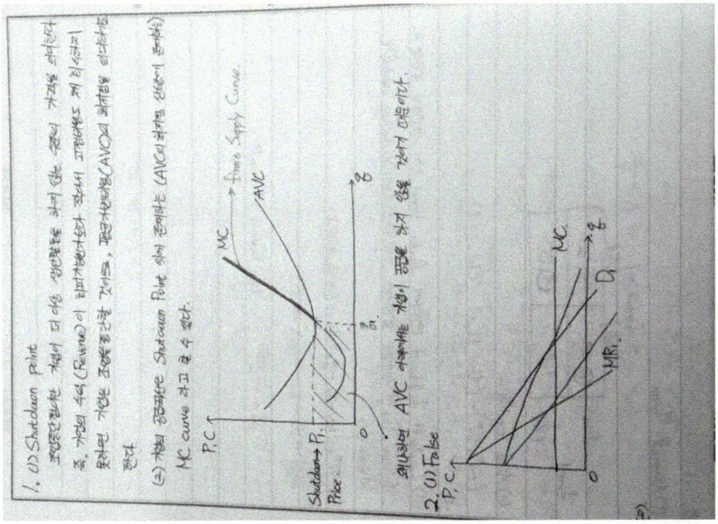

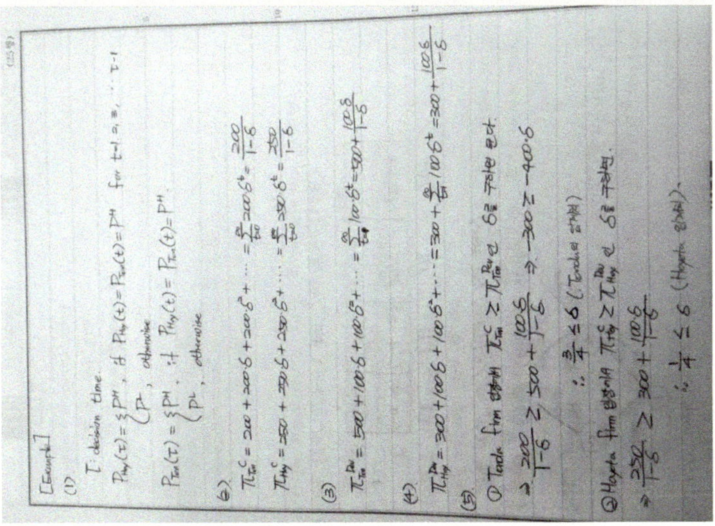

〈연세대 전공과목 모범답안〉

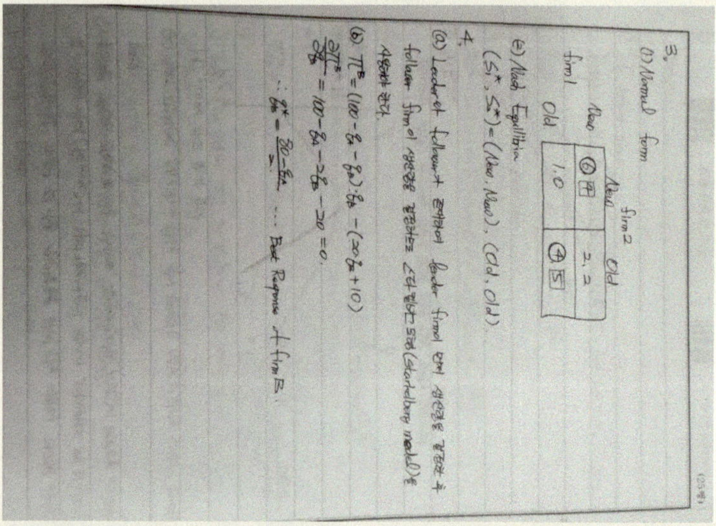

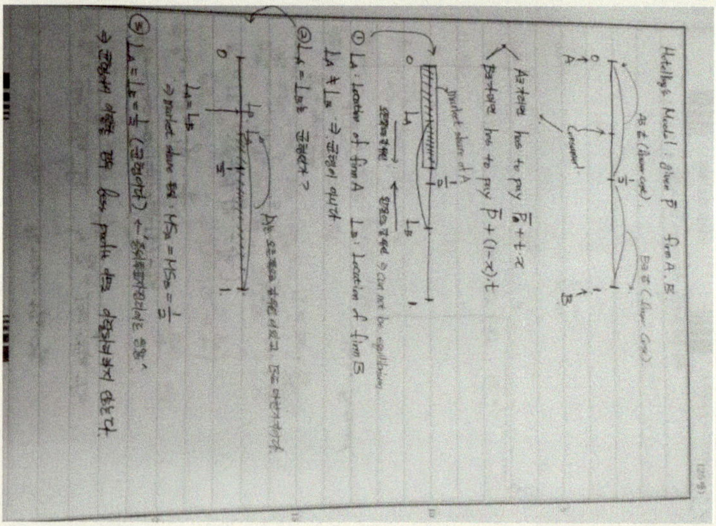

〈연세대 전공과목 모범답안〉

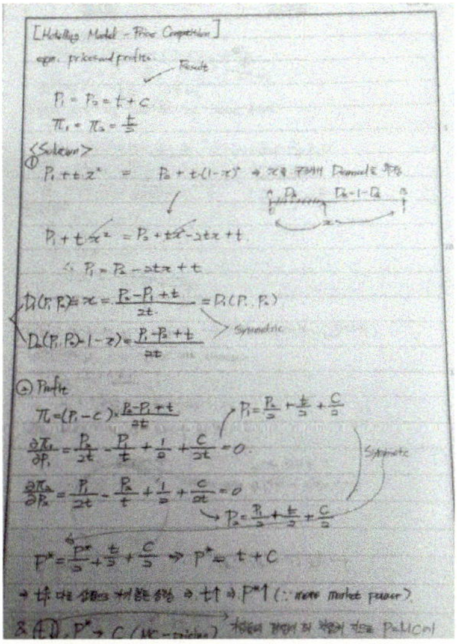

Hotelling Model – Price Competition

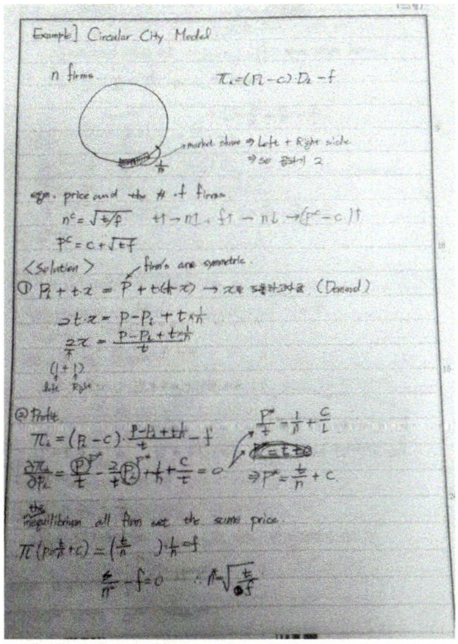

Example] Circular City Model

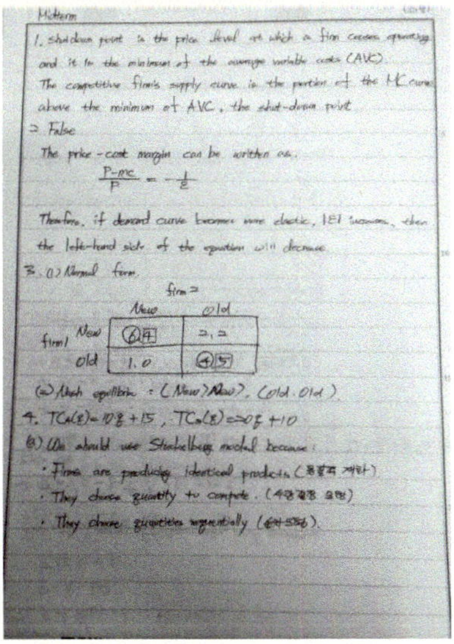

Midterm

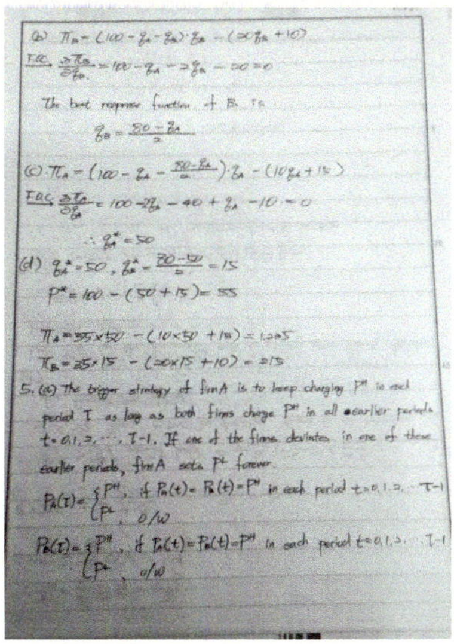

〈연세대 전공과목 모범답안〉

(b)

$\pi_A = \sum_{t=0}^{\infty} \delta^t 5 = \frac{5}{1-\delta}$

$\pi_m = \sum_{t=0}^{\infty} \delta^t \cdot 4 = \frac{4}{1-\delta}$

(c) $\pi_A^D = 5 + \frac{4\delta}{1-\delta}$

$\pi_A^C > \pi_A^D$ should hold $\Rightarrow \frac{5}{(1-\delta)} > 5 + \frac{4\delta}{1-\delta}$

$\Rightarrow \delta > 0$. Since $\delta > 0$ by definition, there is no incentive for firm A to deviate.

(d)

Let π_A^D be the discounted sum of profits when firm A deviates from the high price.

$\pi_A^D = 6 + \frac{3\delta}{(1-\delta)}$

$\pi_A^C > \pi_A^D \Rightarrow \frac{4}{(1-\delta)} > 6 + \frac{3\delta}{(1-\delta)}$

$\Rightarrow 4 > 6 - 6\delta + 3\delta$

$\therefore \delta > \frac{2}{3}$

6.(a) A consumer who is indifferent between the two stores is located at $x = D_1(P_1, P_2)$

$P_1 + t \cdot x^2 = P_2 + t(1-x)^2$

$\Rightarrow P_1 + tx^2 = P_2 + t - 2tx + tx^2$

$\therefore x = \frac{t - P_1 + P_2}{2t}$

The firms' respective demands are:

$D_1(P_1, P_2) = x = \frac{t - P_1 + P_2}{2t}$

$D_2(P_1, P_2) = 1 - x = \frac{t + P_1 - P_2}{2t}$

(b) $\pi_1 = (P_1 - c) \times \frac{t - P_1 + P_2}{2t}$

F.O.C. $\frac{\partial \pi_1}{\partial P_1} = \frac{t - 2P_1 + P_2}{2t} + \frac{c}{2t} = 0$

$\therefore P_1 = \frac{t + c + P_2}{2}$ → store 2 is symmetric, $P_1 = P_2 = P^*$

$\Rightarrow P^* = \frac{t + c + P^*}{2}$

$\therefore P_1 = P_2 = t + c$

Therefore $t\uparrow \rightarrow P^*\uparrow$

(c) $\pi_1 = \pi_2 = (t + c - c) \times \frac{t}{2t} = \frac{t}{2}$

$t\uparrow \rightarrow \pi\uparrow$

2. True

We can derive the following equation from a monopolist's profit-maximizing condition: $\frac{P - MC}{P} = -\frac{1}{\varepsilon}$. If demand is inelastic, $-1 < \varepsilon < 0$, it is not possible to satisfy the profit-maximization condition.

3.

(a) (1) Normal form

		Firm 2: 180	Firm 2: 240
Firm 1	180	64.8, 64.8	54, 72
	240	72, 54	57.6, 57.6

(2) Nash equilibrium: (240, 240)

(b) Yes

Since the players in this game have dominant strategy that lead to a payoff that is inferior to what they could achieve if they cooperated and pursued alternative strategies.

4. $MC_1 = 15$, $MC_2 = 30$, $P = 120 - Q$

(a)

$\pi_1 = (120 - q_1 - q_2) \times q_1 - 15 \cdot q_1$

F.O.C. $\frac{\partial \pi_1}{\partial q_1} = 120 - 2q_1 - q_2 - 15 = 0$

$\Rightarrow q_1^* = \frac{105 - q_2}{2}$

$\pi_2 = (120 - q_1 - q_2) \times q_2 - 30 q_2$

F.O.C. $\frac{\partial \pi_2}{\partial q_2} = 120 - q_1 - 2q_2 - 30 = 0$

$\therefore q_2^* = \frac{90 - q_1}{2}$

(b) $q_1 = \frac{1}{2}(105 - 45 + \frac{q_1}{2})$

$\Rightarrow q_1 = 60 + \frac{q_1}{2} \Rightarrow q_1^* = 40$, $q_2^* = 25$

$\pi_1 = (55 - 15) \times 40 = 1{,}600$

$\pi_2 = (55 - 30) \times 25 = 625$

5.(a)

$P_A = 120 - 4q_A - 2q_B$, $P_B = 120 - 4q_B - 2q_A$

$4q_A = 120 - 2q_B - P_A$ $\quad$ $4q_B = 120 - 2q_A - P_B$

$q_A = 30 - \frac{q_B}{2} - \frac{P_A}{4}$ $\quad$ $q_B = 30 - \frac{q_A}{2} - \frac{P_B}{4}$

$q_A = 30 - 15 + \frac{q_A}{4} + \frac{P_B}{8} - \frac{P_A}{4}$

$\frac{3}{4} q_A = 15 + \frac{P_B}{8} - \frac{P_A}{4} \Rightarrow q_A = 20 + \frac{P_B}{6} - \frac{P_A}{3}$

$q_B = 20 + \frac{P_A}{6} - \frac{P_B}{3}$

(b) $\pi_A = (P_A - 6) \times (20 + \frac{P_B}{6} - \frac{P_A}{3})$

$\frac{\partial \pi_A}{\partial P_A} = 20 + \frac{P_B}{6} - \frac{2}{3} P_A + 2 = 0$ $\quad$ $(P_A = P_B)$

$22 = \frac{1}{2} P^* \Rightarrow P^* = 44 = P_A = P_B$

$q_A = q_B = \frac{38}{3}$, $\pi_A = \pi_B = (44 - 6) \times \frac{38}{3} = \frac{1444}{3}$

〈연세대 전공과목 모범답안〉

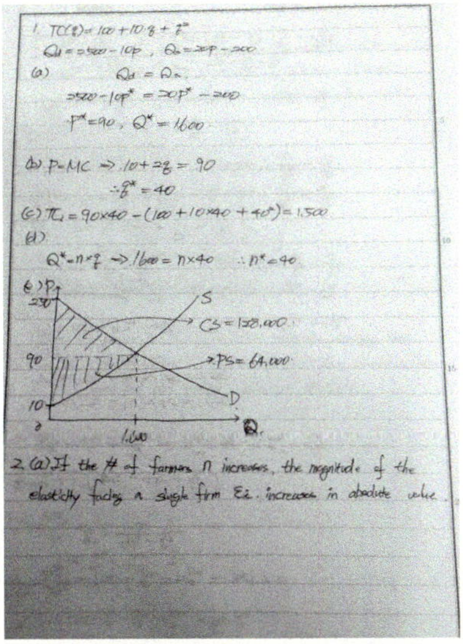
1. $TC(q) = 100 + 10q + q^2$
$Q_d = 2500 - 10p$, $Q_s = 20p - 200$
(a) $Q_d = Q_s$
$2500 - 10p^* = 20p^* - 200$
$p^* = 90$, $Q^* = 1600$
(b) $P = MC \Rightarrow 10 + 2q = 90$
$\therefore q^* = 40$
(c) $\pi_i = 90 \times 40 - (100 + 10 \times 40 + 40^2) = 1{,}500$
(d)
$Q^* = n \times q \Rightarrow 1600 = n \times 40 \quad \therefore n^* = 40$
(e)

2. (a) If the # of farmers n increases, the magnitude of the elasticity facing a single firm E_i increases in absolute value.

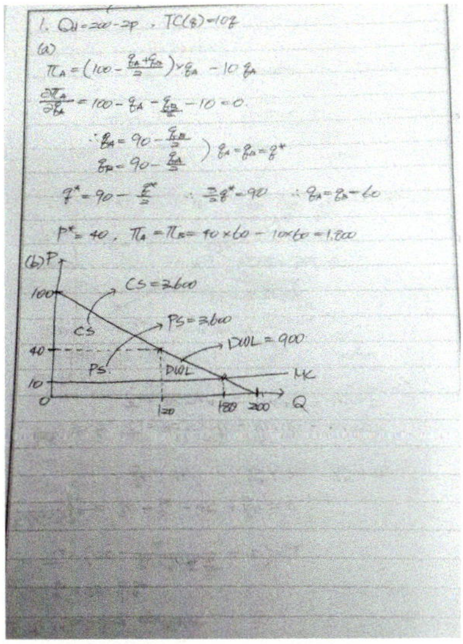
1. $Q_d = 200 - 2p$, $TC(q) = 10q$
(a)
$\pi_A = \left(100 - \frac{q_A + q_B}{2}\right) \times q_A - 10q_A$
$\frac{\partial \pi_A}{\partial q_A} = 100 - q_A - \frac{q_B}{2} - 10 = 0$
$\therefore q_A = 90 - \frac{q_B}{2}$, $q_B = 90 - \frac{q_A}{2}$) $q_A = q_B = q^*$
$q^* = 90 - \frac{q^*}{2} \quad \therefore \frac{3}{2}q^* = 90 \quad \therefore q_A = q_B = 60$
$P^* = 40$, $\pi_A = \pi_B = 40 \times 60 - 10 \times 60 = 1{,}800$
(b)

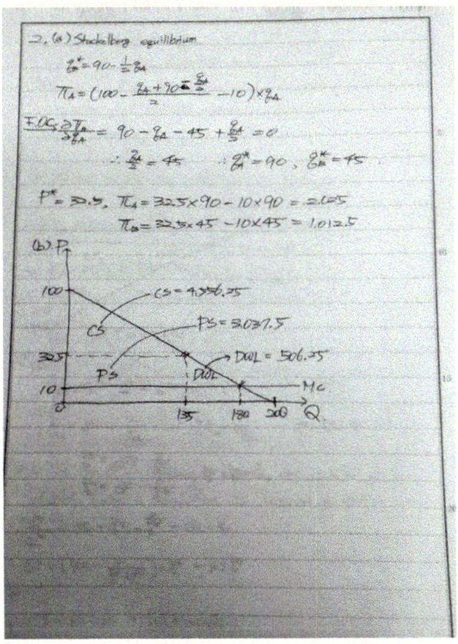
2. (a) Stackelberg equilibrium
$q_B^* = 90 - \frac{1}{2}q_A$
$\pi_A = \left(100 - \frac{q_A + 90 - \frac{q_A}{2}}{2} - 10\right) \times q_A$
F.O.C. $\frac{\partial \pi_A}{\partial q_A} = 90 - q_A - 45 + \frac{q_A}{2} = 0$
$\therefore \frac{q_A}{2} = 45 \quad \therefore q_A^* = 90$, $q_B^* = 45$
$P^* = 32.5$, $\pi_A = 32.5 \times 90 - 10 \times 90 = 2{,}025$
$\pi_B = 32.5 \times 45 - 10 \times 45 = 1{,}012.5$
(b)

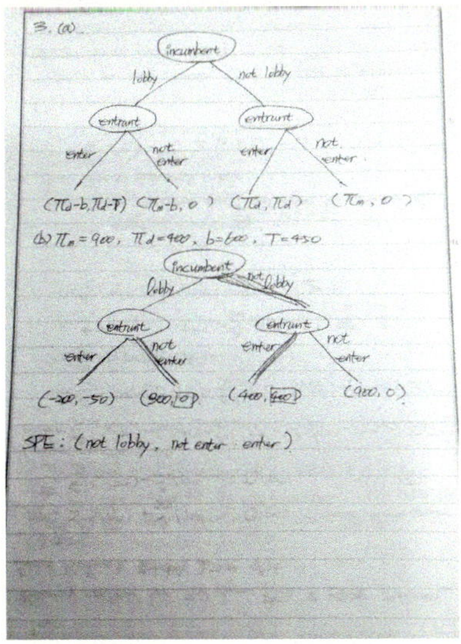
3. (a)

(b) $\pi_m = 900$, $\pi_d = 400$, $b = 600$, $T = 450$

SPE: (not lobby, not enter enter)

〈연세대 전공과목 모범답안〉

(25행)

1. True

Necessary condition for 3rd-degree PD는 총 산출량을 증가시키며 Social Welfare를 증가시키는 효과가 있다.

<증명>

$$W^{u} = \sum_{i=1}^{m} S_i(P^{m}) + \sum_{i=1}^{m} (P^{m} - c) \cdot D_i(P^{m}) \quad \cdots \text{ Social welfare uniform Pricing}$$

$$W^{PD} = \sum_{i=1}^{m} S_i(P_i^{*}) + \sum_{i=1}^{m} (P_i^{*} - c) \cdot D_i(P_i^{*}) \quad \cdots \quad \text{〃} \quad PD$$

Convex function을 이용

$$\Delta W = \sum_{i=1}^{m} \left[S_i(P_i^{*}) - S_i(P^{m}) \right] + \sum_{i=1}^{m} \left[(P_i^{*} - c) \cdot D_i(P_i^{*}) - (P^{m} - c) \cdot D_i(P^{m}) \right]$$

$$\geq \sum_{i=1}^{m} S_i'(P^{m}) \cdot (P_i^{*} - P^{m}) + \sum_{i=1}^{m} \left[(P_i^{*} - c) \cdot D_i(P_i^{*}) - (P^{m} - c) \cdot D_i(P^{m}) \right]$$

$$= \sum_{i=1}^{m} - D_i(P^{m})(P_i^{*} - P^{m}) + \quad \text{〃}$$

$$= \sum_{i=1}^{m} (P_i^{*} - c) \cdot D_i(P_i^{*}) - \sum_{i=1}^{m} (P_i^{*} - c) \cdot D_i(P^{m})$$

$$= \sum_{i=1}^{m} \underbrace{(P_i^{*} - c)}_{\oplus} \cdot \underbrace{\left[D_i(P_i^{*}) - D_i(P^{m}) \right]}_{\oplus} \geq 0$$

2. incentive compatibility constraints

High demand consumer should not want to consume the lower demand consumers' bundle

$$\theta_h \cdot V(q_h) - T_h \geq \theta_h \cdot V(q_\ell) - V_\ell$$

〈연세대 전공과목 모범답안〉

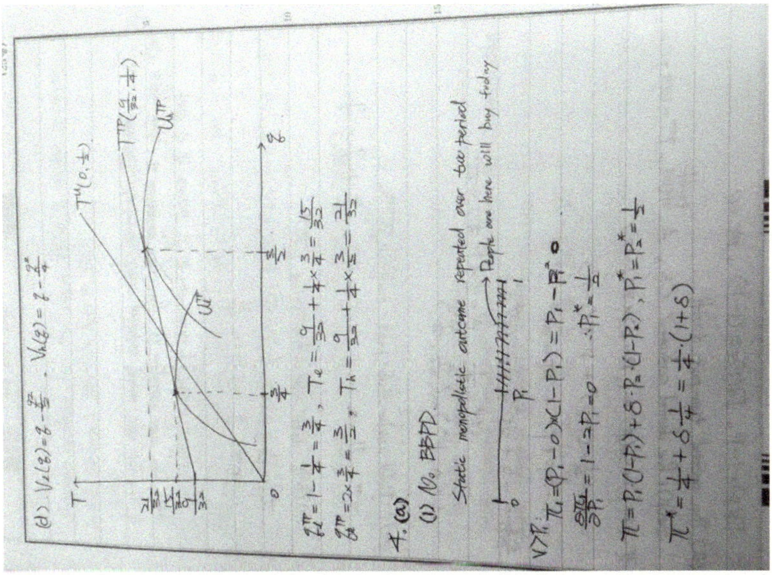

경제학 답안지는 그래프와 수식을 통해서 설명해야 하고 목차는 최대한 단순한 것이 좋다. 그러나 법학이나 각종 이론시험의 답안지는 목차로 채점할 수 있도록 목차가 구체적이고 체계적이어야 한다.

공부시간 확보방법

"공부시간은 하루 24시간을 어떻게 활용하는지의 문제로 귀결된다. 정말 공부를 잘하고 싶다면 공부에 모든 에너지와 시간을 쏟아야 한다. 하루 24시간 중에서 자는 시간을 제외하고는 어떻게든 자습하는 시간을 만들어 내야하는 것이다."

공부는 일단 습관이 들어야 하루 종일 하더라도 지치지 않는다. 사실 사람에게 공부할 수 있는 절대 시간은 동일하다. 하루는 누구에게나 24시간이기 때문이다. 이 중에서 수면을 취하는 시간 7시간을 제외하면, 17시간이 남게 된다. 나는 수면은 절대로 줄여서는 안된다고 생각한다. 수면을 줄여서까지 공부를 하겠다는 의지와 태도는 높이 살만하지만 수면 한 시간을 줄이면 하루 종일 공부에 대한 집중력이 나오지 않는다. 최소한 7시간은 자는 게 전체적인 공부리듬을 유지하는 데 좋다.

그럼 나머지 17시간을 어떻게 활용할지가 문제가 된다. 17시간 중에서 나머지 시간을 그야말로 싹싹 긁어모아서 써야 한다. 학교에서 수업을 듣거나 학원 강의를 듣는 시간은 공부하는 시간이 아니다. 순수하게 내가 자습을 하는 시간이 공부시간이라고 보아야 한다. 이런 자습시간을 확보하는 것이 중요한 과제인데, 나는 하루 자습시간을 최소 8시간 이상을 확보하고자 무진장 애를 썼다.

나는 집에서 학교에 등교하는 버스나 지하철에서 문제집을 풀거나 단어를 암기하고 학교에 도착해서 자리에 앉자마자 문제집을 풀었다. 수업시간이 하루에 7시간 정도 되었는데, 그 시간에도 최대한 집중해서 수업을 듣고 수능과 관계없는 수업은 과감하게 영어나 수학복습에 사용했다. 하루 8시간을 자습에 확보한 후에는 그 시간 안에 내가 약한 과목을 집중적으로 공부했다. 나는 내가 못하는 과목에 최우선순위를 두고 자신감을 회복하면서 다른 과목으로 넘어가는 방식을 취했다.

어찌 보면 공부시간 확보도 자신의 의지에 달려있다. 하루 17시간 중에 수업시간이 8시간이라면 나머지 9시간은 최대한 자습에 사용해야 한다. 밥을 먹으면서도 공부하고, 심지어 이동시간에도 할 수 있는 공부를 해야 한다. 시간이 부족하다는 것은 일종의 핑계다. 이렇게 생각하고 스스로 생활패턴을 공부에 맞추길 바란다.

목표와 보상의 설정

" 공부를 시작하면서부터 분명한 목표를 설정하는 것은 매우 중요하다. "
"1년 안에 합격하기", "동차합격하기""처럼 의지를 다지는 목표뿐만 아니라 매 달 문제집을 몇 회독할지, 언제까지 기출문제를 정리할지, 모의고사 성적은 어느 정도를 목표로 할지 등 그 목표를 구체적으로 설정하는 것이 중요하다. 그리고 달성했을 경우 특별한 보상을 만들어 놓고 스스로를 끊임없이 동기부여 시켜야 한다. "

어떤 일을 습관화 하거나 지속하려면 일단 '시작'이 있어야 한다. 그리고 시작할 때는 분명한 목표가 필요하다. 목표는 1년을 단위로 세워야하며 최대한 구체적이고 단순해야 한다. 예를 들면, "올해 말 수능에서 전 과목 1등급 만들기", "1년 동안 학점 올 A 받기", "사법시험 1차 합격", "공무원 시험 합격" 등 구체적으로 달성할 수 있고 너무 먼 미래가 아니면 된다.

너무 추상적인 목표는 어떤 습관을 만들만큼의 행동을 이끌어내기 힘들다. 만약에 목표가 "장래 대통령 되기"라고 가정한다면 분명히 뭐부터 해야 할지 감이 잡히지 않을 것이다. 물론, 그 목표에서 다시 거슬러 올라와서 당장의 세부 목표를 세울 수 있겠는데, 그 세부목표가 내가 말하는 구체적인 목표가 될 것이다.

구체적인 목표를 세우면 내가 지켰는지 안 지켰는지 연말 혹은 일정 기간 경과 후에 알 수 있다. 달성 한 경우 보상을 만들 수 있고 달성하지 못한 경우에는 스스로 반성을 할 수 있다.

나 같은 경우에는 목표를 세우고 그것을 주변에 떠들었다. 게다가 부모님과는 단기적인 목표 달성 시 특별한 보상을 약속받았다. 예를 들면, 이번 학기 모든 과목에서 A학점을 받을 경우에 새 노트북을 사달라고 요구해 보자. 그럼 달성하기 위해서 어떠한 노력과 행동을 해서든지 그 목표를 달성하고자 할 것이다.

실제로 중학교 때 전교에서 1등하는 친구는 부모님이 학기가 끝날 때 1등을 할 경우에 용돈 100만원을 준다고 약속을 하니 미친 듯이 공부했다. 1등이 쉬운 목표는 아니다. 그런데 100만원의 용돈을 맘대로 쓸 수 있는 것 또한 중학생에게는 엄청난 보상이다. 그렇기 때문에 수단과 방법을 가리지 않고 공부하게 되었다. 그 친구는 고등학교에 가서도 그렇게 공부해서 성적을 유지했고, 명문대에 입학하면 차를 사준다는 부모님 약속에 동기부여가 되어 국내 명문대인 K대에 입학했다. 나는 이것을 보면서 적절한 보상을 목표와 함께 설정하면 최대의 동기부여를 이끌어 낼 뿐만 아니라 이것이 상당기간 지속되면 노력하는 습관이 만들어진다고 깨달았다.

나도 보상과 목표를 적절히 활용한다. 사실 시험에 합격하자는 목표는 시험 합격 자체가 큰 보상이다. 시험에 붙으면 당연히 주변으로부터 인정을 받을 뿐만 아니라 '마이너스 통장' 혹은 '취업 시 사이닝 보너스'와 같은 금전적 보상도 받게 된다. 뿐만 아니라 자신감이라는 최고의 보상을 받을 수 있다. 그렇기 때문에 특정한 시험준비에 대해서는 따로 보상을 설정하지 않고 목표만 구체화 시킨다.

그런데 내신 성적 전교 5등 안에 들기, 이번학기 학점 올 A 받기 등은 달성했을 때 자동으로 보상을 받지는 못한다. 이럴 경우에는 인위적으로라도 보상을 만들면 좋다. 나는 보통 달성했을 때 여자친구와 여행을 떠나는 계획을 잡는다든지, 최고급 양복을 한 벌 맞춘다든지 하는 다소 사치스러운 보상을 마련한다. 목표에 도달했을 때는 그만한 것을 누릴 자격이 있다고 생각하고 돈을 아끼지 않았다.

만약에 5년짜리 목표를 세웠다면 그것을 보상과 연계할 수 있을 만큼 잘게 쪼갤 필요가 있다. 만약에 목표가 사법시험 최종합격이라면, 단기적으로 모의고사 상위 10%안에 드는 것을 목표로 삼고 달성했을 때 스스로에게 보상을 만들어 주는 게 좋다. 인간은 보상과 목표가 연결되고 그게 반복될 경우에 지속하는 힘이 생긴다. 이런 습성을 잘 활용하면 스스로의 의지와 상관없이 노력하는 자신을 만들 수 있다.

쉽게 공부 시작하기

" 공부는 쉽게 시작할수록 좋다는 것이 내 생각이다. 처음부터 난이도가 높은 책, 어려운 목표, 고통스러운 장소에서 시작해서는 공부를 지속하기 힘들다. 공부가 고통스러울수록 우리의 몸은 거부반응을 보이게 되어 있다. 편하게 공부하면 장수생이 된다는 말은 잘못된 통념이다. 공부가 생활이 되어야 공부를 잘 할 수 있는데, 공부가 고통스러운 이상 공부량을 매일 채우는 것에 속도가 붙기 힘들 것이다. 공부를 쉽게 시작하고 편하게 습관으로 만들려고 고민해 보자. 공부를 잘하는 사람일수록 아무런 생각 없이 습관적으로 공부하게 되어 있다. "

공부는 처음부터 고통스러운 방법으로 시작하면 절대로 습관으로 지속할 수 없다. 우리는 고승덕 변호사의 성공신화를 보고 아마 나도 하루 18시간을 밥도 갈아서 먹고 절대로 일어나지 않고 낮과 밤을 바꾸면서 공부하면 고시에 합격할거라고 생각한다. 물론 이걸 해낼 정도로 참을성이 강하다면 가능은 하겠지만, 보통사람이 이렇게 시작했다가는 일주일도 안돼서 포기할 것이다.

보통 공부를 휴식처럼 하는 것을 생각하는 사람은 없다. 아니, 누워서 공부하거나 산책하면서 공부하는 사람이 있다면 그 사람을 비난할지도 모른다. 우리는 휴식은 의식적인 노력 없이도 하루종일 가능하면서 공부는 엄청난 노력이 필요하다고 생각한다. 나는 오히려 발상을 전환해서 공부를 아무런 고통 없이 즐길 수 있었다.

독서실에 틀어 박혀서 어두운 곳에서 스탠드만 켜고 공부를 하려면 의지가 필요하다. 일단, 독서실로 가기 싫은데 가야하고, 독서실에 가서도 쉬고 싶은데 억지로 책상에 앉아 있어야 한다. 머리가 아파도 참아야 하고 고통을 억누르면서 공부해야 한다. 이런 방법은 시험기간에는 충분히 가능하다. 급하고 쫓기니까 고통스러워도 일주일만 참자고 생각하고 버틸 수 있다. 그런데 고시공부처럼 3년 이상을 이렇게 공부하긴 힘들다.

나는 또라이 소리를 듣더라도 공부를 쉬듯이 해봤고 그게 습관이 되어 휴식자체를 공부로 만드는데 성공했다. 우선, 가장 편한 자세가 누워있는 것이다. 따라서 욕조에서 목욕을 하면서 책을 보는 것을 즐겼다. 이렇게 하면 2~3시간은 가만히 집중할 수 있었다. 그리고 버스를 타고 바깥 풍경을 보면서 쉬는 것을 좋아했는데, 이 행위를 요약서 암기에 사용했다. 차 속에서 책을 보면서 지루함 없이 50페이지는 거뜬히 볼 수 있었다. 물론, 갈아타거나 일어나야 할 때도 있었지만 대신 그런 시간을 뇌를 쉬게 하는 시간으로 활용했다.

나는 사람들과 떠드는 것을 무지 좋아한다. 그리고 사람들과 이야기하면서 휴식을 취하곤 했다. 그래서 공부를 이러한 대화에 연결했다. 일부러 스터디 그룹을 만들어서 같이 번갈아가면서 읽으면서 진도를 나갔다. 같이 말로 공부하면 서로 강제화 할 수 있으며 지루할 틈이 없다. 그리고 잡담을 조금씩 해도 좋다. 그 시간을 뇌가 쉬는 시간으로 활용하면 된다.

이렇게 자신의 휴식과 오락 패턴을 파악하고 그것을 공부에 연결하면 된다. 물론 시험 직전에는 무식하게 도서관에서 공부만 하는 게 좋다. 내가 말하는 릴렉스 공부법은 시험기간이 아닌 평소에 공부를 효율적으로 하게 만드는 방법이다. 그리고 이렇게 하다보면 하루의 전부가 공부가 되고 공부가 즐거워진다.

나는 심지어 음악 듣는 취미를 포기하기 힘들어서 음악을 틀어놓고 공부를 하기도 했다. 다만, 이것도 힐링의 기회로 만들 수 있는데, 언어영역이나 고도의 이해력을 요하는 공부가 아닌 수학처럼 공식이 있거나 손으로 쓰면서 단순 반복할 만한 공부를 음악과 함께하면 좋다. 특히 가사가 있고 리드미컬한 음악을 들을 경우 가장 지루한 공부를 연결해서 하면 공부를 지속하는 데 유리하다.

경쟁심은 공부를 위한 증폭제

" 경쟁심은 공부를 잘할 수밖에 없는 원동력이다. 우리나라의 대부분 시험이 상대평가이고 다른 수험생보다 시험을 잘 보아야 합격할 수 있는 것이 현실이다. 보다 안전하게 합격하기 위해서는 어떻게 해야 하는가? 공부를 잘하는 수험생보다 더 많이 공부하는 것이 가장 확실하게 합격할 수 있는 길이라고 생각한다. 경쟁상대가 강할수록 좋다. 공부는 타고난 머리의 싸움이 아니라 인내심과 끈기의 싸움이기 때문이다."

나는 초등학교 때나 중학교 때는 공부를 잘 못했다. 아니 거의 하지 않았던 것 같다. 그런데 공부를 잘하는 친구들을 보면 대부분 등수가 떨어질까봐 노심초사해 가면서 공부하는 모습을 보였다. 나는 당시 그 친구들이 유난을 떤다고 생각했다. 그런데, 내가 고등학교 때부터 공부를 시작한 후로, 명문대에 가고 싶다는 생각을 한 이후로 그 친구들이 이해되기 시작했다.

당시 서울대에 가야한다는 목표를 세우고 못해도 연세대나 고려대는 가야한다는 생각을 하니 구체적인 달성과제가 필요했다. 하루 16시간 공부와 같은 구호적인 계획은 소용이 없다는 것을 그전부터 알고 있었기에 나는 우선적으로 SKY에 입학할 가능성을 계산해 보기로 했다.

한해 수능을 응시하는 수험생이 60~70만명 정도였고, 서울대가 3천명, 연세대가 3500명, 고려대도 3500명정도 수준으로 선발했으니 다 합치면 1만 명정도 안에 들어야 했다. 게다가 내가 목표로 했던 경영이나 경제학과에 입학하기 위해서는 1000명 안에는 들어야 된다고 생각했다. 대충 이렇게 파악하고 나니 600대 1의 경쟁률을 뚫어야 했다. 이렇게 생각하고 나니 앞이 깜깜했다. 당장 내가 속한 학교 총원이 300명 정도이니 그중에서 1등 내지 2등은 해야 한다고 생각했다.

이렇게 구체적으로 따져보고 나니 경쟁심이 생겼다. 적어도 같이 공부하는 친구들보다는 열심히 하고 모의고사나 중간고사, 기말고사 등에서 밀리면 안 되었다. 이렇게 경쟁심이 생기면 저절로 경쟁자보다 더 잘할 방법을 강구하게 되고 노력을 하게 된다. 자연스럽게 경쟁할 수 있는 환경에 있으면 좋겠지만, 여의치 않다면 스스로 이렇게 경쟁해야 하는 목표를 구체적으로 설정하고 누군가와 경쟁한다는 상상을 하는 게 좋다.

고시공부도 마찬가지다. 함께 스터디 하는 사람들이나 도서관에서 같은 공부를 하는 사람들을 보고도 아무런 느낌이 들지 않는다면 문제가 있는 것이다. 고시공부는 명확한 상대평가이다. 남들보다 훨씬 잘해야 붙는다. 그렇다면 내가 적어도 같이 공부하는 사람들보다는 잘해야 한다는 생각을 가져야 한다. 그리고 이러한 경쟁심을 이용해서 나태해지는 것을 방지해야 한다.

인간은 혼자 두면 한없이 나태해지는 동물이다. 군대에 갔다 와본 사람이라면 이를 뼈저리게 느낄 것이다. 훈련받는 동안 몸에 익은 6시 기상과 10시취침은 군 생활 동안은 몸에 익어 철저하게 지킨다. 아니 몸에 익었다기 보다는 그 안에서 그렇게 할 수밖에 없는 환경에 있다 보니 저절로 된 거다. 이런 습관이 군대를 전역하고 한달만 있으면 풀어지는 걸 볼 수 있다. 어느 순간부터 늦잠을 자거나 밤늦게 까지 텔레비전을 보면서 시간을 낭비하는 자신을 발견하게 된다.

인간의 본성이 이렇다 보니 공부에 있어서도 의식적으로 '경쟁'이라는 것을 각인시키지 않으면 나태해 질 수밖에 없다. 공부를 누구보다 열심히 하게 만드는 비법 중 하나는 '아주 강력한 라이벌'을 만들고 그 라이벌을 이겨야 한다는 마음을 가지는 것이다.

나는 폭발적인 성과를 낼 때마다 솔직히 심리적으로 굉장히 힘들었다. 왜냐하면 라이벌이 너무나도 강력했기 때문이다. 그리고 그 친구들을 이기기 위해서 수단과 방법을 가리지 않고 공부했다.

고등학교 때는 그나마 전교에서 수능을 가장 잘 보는 친구보다는 잘해야 한다는 압박감에 하루에 한순간도 쉬지 않았다. 대학에 입학해서는 민족사관고등학교**(내가 학교다닐 때는 여기는 수재들만 들어가는 곳이었다)** 출신들보다 학과성적을 잘 받으려고 도서관에 그 친구들보다 먼저 가고 강의가 없는 공강 시간에는 식당에 앉아서도 공부를 했다.

고시공부할 때 이러한 경쟁의식이 가장 큰 빛을 발했다. 회계사시험을 준비할 때 일부러 연세대 경영학과 내에서 고수들이 듣는다는 '재무회계연습'이나 '원가회계연습', '고급회계' 등의 과목을 신청해서 경쟁하는 상황에서 최대의 긴장감을 유지했다. 항상 중간고사나 모의고사 성적이 가장 좋은 사람을 이기려고 노력했고, 결국에는 그 반에서 1등을 하거나 모의고사 상위권으로 도약하면서 공부에 탄력을 줄 수 있었다.

아마 공부가 재미있어서 하는 사람은 거의 없을 것이다. 수험공부는 더 그럴 것이다. 그리고 합격이라는 것은 다른 사람보다 잘했을 때 얻는 열매이다. 필연적으로 경쟁을 할 수밖에 없다. 제일 현명한 방법은 경쟁을 이용하는 것이며 그 속에서 내 실력을 경쟁자보다 높여가는 것이다. 마음이 편하면 피나는 노력을 하기 그만큼 힘들다는 것을 명심하자.

열등감은 공부의 원동력

" 주변에 보면 이미 여러 가지 면에서 채워지고 완성된 사람은 더 노력할 동기가 부족한 것을 발견할 수 있다. 오히려 자신이 부족하다고 생각하고 겸손한 사람일수록 더 노력하고 그것을 채우고자 하는 것이 일반적이다. 지금 내가 상위권이라도 내 위에는 항상 누군가 있다는 생각을 해야 한다. 실제로도 세상은 넓고 천재는 많다. 내가 노력을 멈추는 순간 뒤쳐지게 된다. 항상 부족하다고 생각하고 열등감을 오히려 공부하는데 노력의 원동력으로 삼아보자. "

엄밀히 말하자면, 시험은 잘 보는 사람과 못 보는 사람을 가르는 제도이다. 필연적으로 우등생과 열등생이 나누어진다. 그리고 열등생은 시험이라는 것을 통해서 우등생보다 공부를 못한다는 평가를 받게 된다. 어찌 보면 한 가지 영역만 가지고 사람을 평가하는 게 잔인하다고 생각할 수도 있다.

치른 시험이 내 인생에서 별로 중요하지 않은 시험이라면 열등감을 느낄 필요가 없다. 열등생이면 어떤가. 어차피 내가 목표로 하는 것에 그 시험이 중요하지도 않은데.

그런데 내가 간절히 원하는 꿈을 이루기 위해 필수적으로 치러야 하는 시험이라면 이야기가 달라진다. 내가 꿈꾸는 이상과 목표의 길목에서 중요한 통로가 시험이라면 그 시험에서 패자가 되는 일은 정말로 끔직한 일이다. 내 꿈이 좌절되는 것은 물론이고 자존심도 굉장히 상할 것이다. 이 때 따라오는 것이 '열등감'이다.

나는 처음부터 공부를 잘한 것이 아니다. 어떻게 보면 16세에 창업을 하는 바람에 공부시기를 놓친 늦깎이 수험생이라고 스스로를 생각했다. 남들은 연세대학교에서 제일 수재들이 가는 '경제학과'에 갔으니 성공했다고 말했지만 한동안 나는 서울대학교에 가지 못했다는 열등감에 사로잡혀 있었다. 이런 열등감은 대학교에 와서도 죽어라 공부하게 만든 원동력인지도 모른다.

지금 생각하면 우습지만, 대학입학 당시 나는 명문대생이지만 스스로를 2등이라고 생각했다. 그리고 1등이 되지 못한 것을 어떻게든 만회하려고 노력했다. 이런 열등감은 학과 내에서 최고가 되어야 한다는 목표를 이끌고, 고시에 합격해야 한다는 도전의식을 이끌었다고 생각한다. 적어도 서울대생보다는 다른 측면에서 완벽해야 한다. 더 잘해야 한다는 생각을 하면서 대학생활을 했다. 쉬지 않고 공부할 수 있었던 것은 이런 마음 때문이었다고 해도 과언이 아니다.

지금 자기가 처한 상황이 완벽한 사람은 세상에 아무도 없다. 어떤 사람은 콤플렉스가 '외모'일 수도 있고 '돈'일 수도 있다. 나처럼 '공부'자체가 콤플렉스가 될 수도 있다. 이런 콤플렉스가 가져다 주는 열등감은 고통스럽지만 미래를 위한 고마운 선물일지도 모른다. 이런 열등감을 이용하면 굉장히 어둡지만 강력한 공부의지를 만들어 낼 수 있기 때문이다.

어둠은 빛을 더 밝게 만들어 준다. 지금이라도 내면의 어둠이 있다면 공부의 지를 불태우는 데에 사용해보길 바란다.

독기를 품는다는 것

"독하면 독할수록 처음에는 무리수를 두게 된다. 비효율적이고 고통스러운 방법으로 처음에 지나치게 노력한 나머지 금방 지칠수도 있다. 그러나 3일 동안 밤을 샌다거나 앉아서 18시간을 공부한다거나 하는 행동은 내 한계를 높여주고 공부를 할 때 더 높은 곳을 꿈꿀 수 있도록 자극한다. 독기를 품고 공부를 하면서 목숨까지 거는 자세로 공부를 하면 처음에는 효과가 나지 않지만 이것이 습관이 되면 무섭게 치고 올라갈 수 있다. 상위권과 하위권은 태도에서부터 차이가 벌어진다는 것을 명심하자."

나는 어릴 때 고도비만이었다. 또 교도소가 집 앞에 있는 달동네에서 살았다. 가정형편이 어려워져서 이사를 다닐 때마다 친구들이 놀리거나 무시할 때면 나중에 성공해서 복수하겠다고 하루에도 몇 번씩 다짐했다. 어릴 때 짝사랑했던 소녀에게 고백했는데 차였을 때, 뚱뚱하고 못생기고 가난한 지금의 내 상황을 뒤집고 기필코 우리 나라 최고가 돼서 보란 듯이 복수하겠다고 생각했다. 나는 이렇게 독기를 품고 있었다.

이러한 '독기'는 공부할 때 아주 좋은 밑거름이 된다. 사실 주변에 금수저 친구들을 보면 지금의 나보다 사회적으로 보았을 때 성공하지 못한 경우가 많다. 물론, 부모님의 재산 덕분에 편하게 살고 있기는 하지만 결과적으로 학교, 직업 등을 보았을 때 내가 이제는 그 친구들보다 더 당당해졌다. 나는 이렇게 되기까지 거의 15년을 어둠속에서 자신과의 싸움을 해왔다.

'독기'가 생기면 우선 한 가지에 미쳐버릴 수 있다. 나는 처음엔 살을 빼야겠다고 작정했을 때, 하루에 한 끼만 먹고 세 달을 버텼다. 그게 중학교 졸업한 겨울방학 때였다. 120kg에서 90kg까지 감량했고, 1년 동안 탄수화물을 전혀 먹지 않는 다이어트를 한 덕분에 70kg까지 살을 뺄 수 있었다. 살 뺀 것만 봐도 주변에서는 독하다고 했다. 이렇게 독해질 수 있었던 원동력은 앞에서 말한 어두웠던 과거의 기억들이었다. 그리고 사람들의 무시하는 시선이었다.

나는 자존심이 센 편이다. 남들이 나를 무시하고 '넌 할 수 없다'는 말을 할 때에 한 없이 분노가 생긴다. 그런데 그 분노는 극단적인 행동으로 풀어야 했는데, 다행히 그 어둠의 에너지를 다이어트에 쓰거나 공부하는데 사용했다. 대학에 다니는 과정에서도 마찬가지였다. 고3 올라갈 때 담임선생님은 어머니가 학교에 상담하러 오셨을 때 "인 서울 대학도 힘들 것 같다"고 말씀하셨다. 내가 서울대나 연세대에 가겠다고 선언했을 때 학교에서 마주치는 모든 사람들이 "지금까지 듣던 말 중 제일 황당한 말"이라고 까지 했다. 나는 정말 오기가 생기고 그 오기는 '독기'가 되었다.

고3 생활동안 잠을 줄이기도 했지만, 무엇보다도 밥도 혼자 먹고 항상 혼자 다니고 심지어 학교 수업시간에도 맨 뒤에 앉아서 혼자서 수능 문제집을 하루에 1권씩 풀어 재꼈다. 한 시간도 쉬지 않고 걸어 다니면서도 공부를 했고, 심지어 목욕하면서까지 공부를 했다. 당시를 생각하면 다시는 돌아가기 싫은 시기이지만 그 '독기'는 결국 공부를 포기하지 않는 힘으로 작용했고, 대학에 입학할 수 있었다.

재미있는 건, 대학에 와서도 어린 시절부터 쌓아온 '독기'는 내 공부의지를 자극했다. 좋은 학교에 온 것만으로는 아무것도 보장되지 않을 뿐만 아니라 옛날에 나를 무시했던 친구들이나 소녀들에게 복수하기엔 부족했다. 그래서 고시에 합격해서 좋은 외제차를 타고 그들 앞에 나타나야겠다는 생각까지 했다.

이런 독기는 나를 쉬지 않고 달리게 했다. 정말 고3때보다 더 열심히 공부하게 만들었다. 내 대학생활 4년은 1시간 1분 1초도 쉬지 않고 살았던 이듭고도 어두운 시절이다. 이 어두운 시기가 지나자 달콤한 열매인 자신감이 생겨났고, 지금은 수많은 성과물을 통해서 사람들로부터 인정을 받을 뿐만 아니라 스스로 만족스러운 삶을 살고 있다.

공부 자랑을 하여라

"공부를 잘하는 학생들의 가장 큰 동기부여는 남들의 인정이라고 한다. 매슬로우 욕구 5단계 이론에 따르면 인간은 저차원의 생리적 요구가 만족되면 고차원의 사회적 욕구를 충족하려고 하는 경향이 있다. 공부는 고차원의 정신적 욕구를 충족시키는 좋은 수단이다. 가장 사랑하는 사람으로부터 인정받는 것만큼 그런 욕구를 잘 해소할 수 있는 길은 없다. 그렇기 때문에 공부하기 전에 사랑하는 사람에게 알리고 그것을 충족하기 위해서 열심히 공부하도록 하자. 처음에는 스트레스를 받겠지만 이만한 동기부여가 없다."

지금도 나는 쪽팔리는 걸 무지 싫어한다. 아마 다른 사람도 그럴 것이다. 대학에서는 선배가 되면서 선배로서 후배들에게 공부를 지도해 주고 주변 동료들에게 인정받기 위해서 보이지 않는 곳에서 노력했고, 직장에 다닐 때는 일 못한다는 소리를 듣지 않으려고 미리 준비하기도 했다. 학원에서 강의할 때에는 혹시라도 실수할까봐 강의하기 전에 강의준비를 여러 번 반복했다. 심지어 군대에서는 대위계급을 달고부터는 프로답게 행동하려고 사소한 것도 챙겼다. 그런 거다. 쪽팔리지 않으려면 남들보다 보이지 않는 곳에서 많이 준비해야 한다.

공부에 있어서도 이런 것을 잘 활용할 수 있다. 나는 주로 사랑하는 사람들에게 공부할 거라고 알리고 공부를 시작했다. 특히, 회계사 시험을 준비할 거라고 마음먹었을 때 '어머니'를 그 대상으로 삼았다.

"엄마, 나 회계사 시험 공부할거고 죽어라 공부해서 최대한 빨리 합격할게!"

큰소리 치고 나면 싫어도 공부할 수밖에 없다. 그야말로 독서실 벽에 "엄마가 보고 있다"라는 문구가 붙어있는 셈이다. 이렇게까지 이야기하고 나면 시험에 떨어지면 어쩌지 하는 두려움이 생기게 마련이다. 나도 한동안 시험에 떨어질까봐 두려움에 시달렸다. 그럴수록 쪽팔리기 싫어서 이를 악물로 공부했다.

사실 이렇게 주변에 알리고 나면 나는 굉장히 괴롭다. 나도 경험한 것이지만 떨어졌을 때는 쥐구멍에라도 숨고 싶다. 심지어 방귀뀐 놈이 성낸다고, 내가 화를 낸 적도 있었다. 그런데, 결과적으로 더 열심히 하게 하는 원동력이고 몇 년이 걸리더라도 합격하고 나면 그건 아름다운 과정이 되어버린다.

참 재미있는 것은 내가 주변에 떠들고 다닌 시험은 어떻게든 완주해서 합격했다는 것이다. 반면에 창피할 것 같아서 숨기고 혼자서 했던 시험공부는 정말 쉬운 시험이었음에도 불구하고 몇 번이나 불합격한 적도 있었다. 그 이유는 단순한 것 같다. 누군가에게 떠들고 다닌 것은 지키려고 하루에도 몇 번씩 스트레스 받으면서 공부하게 되어 있다. 반대로 나 혼자만 몰래 준비하는 시험은 떨어져도 잃을게 없다고 생각해서 그런지 공부를 열심히 안하게 된다.

지금 정말로 합격하고 싶은 시험이 있다면, 주변에 먼저 알려라. 특히, 사랑하는 사람에게 알리는 게 효과적이다. 왜냐하면 그 사람에게 실망을 안겨주기 싫기 때문이다. 그러면 당연히 죽기 살기로 공부하게 되어 있다. 누가 시키지 않아도 책을 보고 있는 나를 발견할 것이다.

시작의 중요성

" 공부 계획만 세우다가 몇 달을 보내는 예비수험생들을 자주본다. 나에게도 " 이 시험을 준비하면 앞으로 진로가 어떤가요?", "무슨과목부터 공부해야 하나요?" 등 어떻게 시작해야 할지 질문이 많이 들어온다. 그런데, 정말 하고 싶은 공부고 합격해야하는 시험이라면 고민하는 시간은 최소한으로 줄여야 한다. 차라리 일단 시작해 보고 내 적성에 맞는지 공부하면서 조정해 보는 것이 낫다. 기회비용이 작을 때 포기하면 되기 때문이다. 시작조차 안하면 합격의 기회조차 없다. 공부는 시작하면 방법만 잘 찾아서 습관화하면 언젠가는 합격이 가능하기 때문이다. "

나는 세상에서 제일 아까운 시간이 고민하는 시간이다. 물론 고민하지 않고 무턱대고 시작할 수는 없다. 그런데 목표를 이미 설정했고 어떻게 공부를 시작할지 방법론적으로 고민이 된다면 고민하는게 참 낭비일 때가 많다. 어떻게 공부해야하는지는 사실 사람마다 다르다. 자기한테 맞는 공부법이 각자 다르고 준비하는 시험마다 성격이 다르다.

만약에 지금 어떤 방법으로 공부해야하는지 고민 중이라면 일단 남들이 가장 많이 하는 방법으로 시작해보길 바란다. 인간은 참 신기한 게 일단 시작하면 자기에게 맞지 않는 방법은 지속하기 어렵다. 사람마다 공부하는 장소도 다르므로 일단 남들이 하는 장소에서 해보면 나랑 맞는지 조만간 알 수 있다. 쓰는 방법이 좋을지 읽는 방법이 좋을지, 스터디가 좋을지 학원이 좋을지, 암기위주로 하는게 좋을지 이해위주로 하는 게 좋을지 등 하다보면 알게 된다. 물론, 이 책에서 고시공부나 자격증, 입시 등 공부할 때 효율적으로 학습하는 방법을 알려줄 거긴 하다. 고민할 시간을 줄이기 위해서다. 이 방법을 도입하기 전이라고 하더라도 일단 어떤 공부든 시작해서 공부하는 버릇이 생겨야 한다.

나는 처음부터 나랑 맞는 공부방법을 찾지 못했다. 일단, 공부를 시작하고 나니 일정기간 성적이 오르지 않으면 방법을 바꾸고, 장소를 바꾸어 가면서 조정해 나갔다. 그러면서도 공부를 계속했고 어떻게든 성적을 올려서 합격을 했다.

중요한 사실은 공부를 일단 시작하고 지속한다면 일정기간이 지나면 그게 습관이 된다는 것이다. 습관처럼 공부를 하다보면 그 방법을 찾기도 쉬워진다. 시행착오는 어찌 보면 필수과정이다. 그런데 시행착오를 빨리 겪으면 겪을수록 고치기 쉬워진다. 그리고 자기만의 노하우를 쌓을 시간적 여유도 많아진다. 나는 화장실에서도 책을 보고 밥을 먹으면서도 볼 정도로 나중에는 공부에 생활 자체가 정복당했었는데, 이런 상태의 시작은 책을 펼쳐서 책상에서 한번 끝까지 보고 나서부터 인 것 같다. 고민만 하다보면 결국 시작도 못하고 끝나거나 너무 늦어서 시험장에 갈 때 후회하게 된다.

공부! 아직도 어떻게 시작할지 고민하고 있다면, 어설프게라도 시작하고 계속 다듬어 나가자.

계획은 최대한 심플하게

" 공부계획을 자세히 세우면 그 자체로 낭비다. 어차피 세세하게 시간단위, 분단위로 계획을 세워봤자 지키지 못할 것이 뻔하다. 시간단위로 계획을 세우는 것 만큼 미련한 것이 없다. 고시공부나 어려운 시험을 준비하는 만큼 계획은 단순해야 한다. '이번주까지 OO과목 한권 1회독하고 기출문제 3년치 풀기'처럼 과업위주로 단순하게 계획을 세워야 그 계획을 실천할 수 있다. 이렇게 한번 두번 실천하다 보면 공부가 쌓이게 되고 목표를 달성하면서 공부가 재미있어 진다. 공부계획은 최대한 단순해야 하는 것이다. "

계획을 아주 꼼꼼히, 그리고 자세히 세우는 사람은 공부로 탑클래스에 가기 힘들다. 오해하지 말아야 할 점은 자세한 계획이 나쁘다는 말은 아니다. 다만 공부는 지속했을 때 합격이라는 선물을 우리에게 주는데, 너무 세세하고 꼼꼼한 계획은 '지속'을 방해한다.

나는 공부 아마추어였을 때는 시간표를 그리는 것을 좋아했다. 초등학교 때는 방학만 되면, 시계모양의 동그란 일일시간표를 그렸다. 아침 8시에 일어나서 9시까지 산수문제풀이, 9시부터 12시까지 영어암기, 12시부터 1시까지 휴식... 이렇게 장황하게 계획을 세우고 나중에는 이 시간표를 지키지 않는 나를 발견했다.

중학교때도 마찬가지였다. 일주일에 해야 할 일을 작성하고 하루를 12등분해서 시간별로 할 공부를 정해서 적었다. 그리고 이걸 지키지 못할 때마다 스트레스 받았고, 결국 다음 주에는 지켜야지 하면서 이번 주 계획은 그냥 무시하곤 했다. 자세하게 계획을 세우면 이런 문제가 생겼다.

나중에 고3 올라가기 전에 IT국제자격증을 취득할때는 아주 단순하게 계획을 세웠다. 1주일에 과목 한 개씩 문제집 10번 보기처럼 대충 세우고 행동에 옮기는데에 에너지를 집중했다. 이렇게 하다보니 1주일에 계획세운 것보다 더 많이 풀 때도 있었고 대부분의 계획을 지켜냈다. 계획을 지킬 때마다 뿌듯한 것은 물론이고 시험에도 합격하다 보니 신이 났다. 이렇게 단순하게 1주일 혹은 2주일 단위로 한 가지 혹은 두 가지 큰 계획으로 생활을 단순화 시키니 당연히 계획도 달성할 수 있었고 동기부여도 되었던 것이다.

계획은 지켜질 때에 의미가 있다. 시간단위로 분단위로 계획을 세운다고 생각해 보자. 단언컨대, 1달 이상 정확하게 지키는 사람은 아무도 없을 것이다. 아니, 지킨다는 것 자체가 잘못된 것일 수 있다. 큰 틀에서는 시험에 합격하거나 성적을 올리는 것이 목표인데 그 목표와는 상관없이 계획에 매몰되어 공부할 필요 없는 부분을 파고들 수도 있기 때문이다.

계획은 한 달 단위로 "이번 달에는 수학 개념원리 문제집 2번 풀기" 혹은 "민법 기본서 1회독 및 동영상강의 완강"처럼 단순하게 짜야 한다. 그리고 지걸 지키기 위해서 하루하루를 치열하게 사는게 중요하다. 행동으로 이끌어내는 전략을 강구하는게 더 현명하다는 말이다.

나는 오히려 하루가 지나면 스터디 체크를 하고 일주일 단위로 정산했다. 예를 들면, 달력에 하루에 공부한 양을 체크하고 일주일동안 공부한 양을 체크한다. 사후적으로 이렇게 정산하면 자신이 남은 3주 동안 얼마나 노력해야 한 달 주기로 세운 목표를 달성할지 가늠할 수 있다. 그리고 또 일주일동안 치열하게 달린다. 그리고 다시 2주일동안 했던 공부분량을 체크한다. 이렇게 하면 남은 2주 동안 해야 할 공부량이 나온다. 이렇게 계획한 목표량으로 접근해 가는 게 가장 현실적으로 동기부여도 잘 된다.

만약에 내가 계획보다 잘해서 목표를 조기에 달성했다면 스스로에게 보상을 주면 된다. 그리고 다음번 목표는 보다 도전적으로 세운다. 이렇게 계획을 조정하고 사후정산을 하면 놀랍게도 공부량을 달성하는 게 습관이 되어버린다. 나중에는 엄청난 분량의 공부라도 즐겁게 소화해낼 수 있을 것이다.

시작은 가볍게

" 인간은 쉬운 것을 할 때는 몸에서 크게 저항이 오지 않는다. 처음에는 2시간에서 시작했다가 그 다음날엔 3시간, 그 다음엔 4시간, ... 결국엔 16시간씩 공부하는 것으로 단계적으로 공부량을 늘려 가면 크게 무리 없이 엄청난 양에 접근할 수 있다. 쉬운 문제부터 공부해서 어려운 문제를 섭렵하는 것도 같은 이치이다. 쉽고 기본적인 문제를 많이 풀어내면서 기본근육이 생기면 좀 더 복잡하고 어려운 문제도 접근할 힘이 생긴다. 처음부터 접근하면 으레 겁을 먹고 포기할 텐데, 가능한 수준에서 접근하면 충분히 해낼 수 있는 자신감도 생긴다. 쉬운 문제를 자주 풀고 어려운 문제로 접근하라는 것이 이 때문이다. "

지금 어떤 시험을 준비해야 한다고 치자. 내가 해야 할 공부가 산더미이고 뭐부터 시작해야 할지 막막하다면 어떻게 해야 할까? 가장 좋은 방법은 내가 제일 자신 있는 과목으로 제일 지키기 쉬운 방법으로 공부하기 시작하는 것이다.

가장 위험한 일은 욕심이 과해서 제일 어려운 과목부터 시작해서 하루에 20시간씩 공부하겠다고 계획을 세우고 시작하는 것이다. 단언컨대, 이렇게 계획을 세우면 지킬 수 없을 뿐만 아니라 공부 자체를 하기 싫어지게 만든다. 우리는 공부를 시작할 때 굉장히 열정적이고 뭐든지 다 해낼 수 있다고 착각하지만, 막상 시작하면 고통스럽고 하기 싫어진다. 그리고 기껏 세운 계획을 지키지 못하고 스스로 성취감과 자신감을 잃게 된다면 더욱 회복하기 힘든 상태로 빠지게 된다.

공부를 안 하던 사람이 갑자기 시작하면 몸에서부터 거부반응이 올라온다. 우리 몸은 갑작스러운 환경변화에 부정적으로 반응하게 되어있다. 인간은 본질적으로 변화와 위험을 싫어하기 때문에 공부를 하지 않다가 10시간 이상 하게 되면 몸에서 하기 싫다는 다양한 신호를 보낸다. 잠이 오거나 불쾌하거나 심지어 공부에 대한 부정적인 생각이 생기기도 한다. 아무리 의지가 좋은 사람도 처음에는 이 저항에 부딪힐 수밖에 없다. 나도 마찬가지로 의욕적으로 시작할 때마다 작심삼일이었다.

오히려 처음 계획은 단순하게 한 과목씩 끝내는 방식으로 잡고, 내가 좋아하는 쉬운 과목부터 시작하면 빠르게 한과목을 마무리 할 수 있다. 이렇게 한 과목을 성공적으로 끝내면 생각보다 성취감이 높다. 이럴 때 주변에 자랑을 한 번쯤 하는 게 좋다. 빠르게 한 과목을 끝내면 그 다음과목은 그 과목과 관련성이 조금이라도 있는 과목을 먼저 시작한다. 그리고 같은 방식으로 끝내도록 한다. 이렇게 성취와 심리적 보상을 받게 되면 저절로 공부가 재미있어지고 지속할 힘이 생기게 된다.

내가 군대에서 교관생활을 하다 보니 군대의 교육시스템도 이런 효과를 잘 활용하고 있다고 느꼈다. 처음에 훈련소에 입대하면 우선 기초체력부터 키운다. 아주 쉬운 수준인 아침에 1.5km 달리기부터 시작한다. 처음에는 숨이 차지만 할만은 하다. 매일 반복하다보면 2주 동안 인내심을 기르는 훈련을 한다. 매일 아침 팔굽혀펴기 20회, 1.5km 달리기, 윗몸일으키기 30회씩 하면서 하루를 시작한다. 그리고 훈련 중 뜀걸음으로 이동하고 중간에 일부러 얼차려를 통해서 팔굽혀펴기를 시킨다.

매일 그 양을 조금씩 늘리다 보니 신기하게도 한 달 정도 지나면 4km씩 뛰는 것도 쉽다. 팔굽혀펴기도 한 번에 50회 정도는 거뜬하다. 윗몸일으키기 등 다른 종목도 마찬가지다. 이러다 보니 내가 운동을 잘한다는 자신감이 생긴다. 뛰는 게 즐겁고 나중에 20kg의 완전군장을 하고 총을 들고서도 5km를 단체로 뛰고 완주하면서 성취감을 맛보게 되었다. 3개월 후에는 자연스럽게 팔굽혀펴기 100회, 달리기 3km 14초 내 완주, 윗몸일으키기 70회를 달성했다. 처음에는 팔굽혀펴기 10번도 힘들어서 끙끙대던 나였다. 이렇게 보면 군대 훈련도 참 체계적이라는 생각이 든다.

공부도 마찬가지다. 공부하는 습관을 형성하고 한 과목씩 끝내본 기억은 난이도가 높은 과목을 시작할 때 큰 도움이 된다. 신기하게도 쉬운 과목을 통해서 성취했던 기억과 자신감이 어려운 과목을 할 때에도 쉽다는 착각(?) 혹은 자신감으로 작용하게 되어 그 과목을 끝까지 끝내게 하는 것이다.

나는 지금은 교관과 회계학 강사를 하고 있고 회계사로 활동을 해왔지만, 처음에는 회계학이 제일 싫은 과목이었다. 솔직히, 숫자와 계정과목, 표를 그리는 단순작업의 반복이 무척 괴로웠다. 그래서 처음에는 그나마 흥미를 느끼는 상법이나 경제학부터 시작했다. 경제학은 신문에서도 자주 접했고, 전공이다 보니 흥미가 있던 상태였다. 경제학과 상법을 우선 공부하고 다 마치고 나니 회계학에 대해서도 자신감이 생겼다. 경제학과 상법의 개념이 회계학과 연결되는 것도 느끼면서 재미도 느꼈고 더 어려운 내용까지 도전하는 데 큰 어려움을 느끼지 못했다.

일단 한 번 성취한 기억이 있는 사람은 다른 것을 성취할 확률이 높다는 연구 결과가 있듯이 우선 가장 쉬운 것부터 성취해보는 게 중요하다. 그럼 플라시보 효과가 보여주듯이 나는 뭐든 잘 할 수 있다는 자신감이 생긴다. 이런 자신감이 공부의 생명이다. 그리고 공부를 지속해 나가는 원동력이다.

함께 공부할 사람의 중요성

" 사람들로부터 스트레스를 받는 수험생은 혼자서 공부하는 것이 더 효율적인 것은 사실이다. 그러나 공부를 1달 바짝 하고 그만둘 것이 아닌 이상 꾸준히 1년 동안 공부할 동료들을 만드는 것이 공부를 지속하는데 훨씬 유리하다. 특히 고시공부나 어려운 난이도의 공부는 혼자서 공부할 경우에 단기간에 합격하면 다행이겠지만 한 번만 떨어지더라도 금방 지치게 된다. 1년에 한 번 시험을 보게 되면 내가 잘하고 있는지 불안하기도 하고 공부가 지루해 지거나 슬럼프가 오기도 한다. 이를 해결하기 위해서라도 주변에 열심히 하는 사람들을 따라서 공부하는 것이 현명하다. "

혼자서 공부하면 당연히 시간은 많이 생긴다. 인간관계 유지에서 오는 스트레스도 받지 않아서 좋을 수는 있다. 그러나 공부를 하루이틀만 하고 끝낼 것이 아니면 지속할 수단이 필요하다. 스스로의 의지로 버틸 수 있는 사람이면 상관이 없겠지만 우리 같은 범인들은 고독을 즐기면서 할 의지가 약하다.

사실 공부를 습관으로 만드는 일은 주변인과의 관계를 공부와 연결하는 데서부터 시작해야 한다. 인간은 사회적 동물이다. 다른 사람들과 떼어 놓고나 혼자 살아갈 수 없다. 나는 여기서 스터디그룹을 만들라는 이야기를 하는 게 아니다. 일상에서 관계를 맺는 다양한 사람들과의 시간을 공부에 도움 되는 방향으로 설계하라는 말이다. 그게 가족이어도 좋다.

나는 준비하는 시험마다 같이 공부하는 친구가 한 명씩 있었다. 도서관에서 만나서 알게 되거나 인터넷으로 스터디모집을 해서 만난 경우도 있었다. 여동생이 독일에서 변호사 시험을 준비하고 있는데 한국에 올 때면 같이 시간 내서 공부하면서 지루하지 않게 공부생활을 유지할 수 있었다. 혼자하면 지루하더라도 함께 할 사람이 있으면 공부가 생활의 일부가 되고 즐겁게 된다.

수능을 준비할 때는 엄마나 할머니가 스터디 메이트 이기도 했다. 이렇게 이야기 하면 엄마나 할머니가 수험생이냐고 물어보는 사람도 있었는데, 매일 저녁 식사할 때 하루 동안 공부한 내용을 엄마와 할머니에게 떠들면서 복습을 했다는 소리다. 스터디를 구하기 힘들다면 집에서라도 공부하는 것을 유지할 필요가 있다. 이렇게 공부한 것을 확인하면 부모님도 열심히 한다고 격려를 해주시게 되고 당연히 공부를 계속할 힘이 생길 것이다.

적용하고 또 적용하라

" 처음 배운 내용은 피상적인 지식으로 뇌에 남게 된다. 단어나 의미정도는 쉽게 흡수할 수 있지만 복잡한 문제를 잘 해결하기 위해서는 다양한 상황과 맥락에서 깊이 있는 이해를 할 필요가 있다. 이를 위해서 가장 좋은 방법은 주변 현상에 내가 배운 내용을 대입하여 설명해 보는 것이다. "

시험을 준비하는데 가장 좋은 것은 내가 배운 내용을 지속적으로 출력하는 연습이다. 우리가 교과서를 읽고 암기하는 작업은 모두 입력하는 작업이다. 그런데 시험은 입력한 것을 동시다발적으로 빠르게 꺼내는 일이다. 시험에 익숙하기 위해서는 배운 내용을 출력하는 연습을 많이 해두어야 한다.

우리가 흔히 사용하는 출력방법은 연습문제 푸는 것이다. 배운 개념을 빠르게 떠올리면서 문제에서 요구하는 물음에 답하는 것이야 말로 시험을 대비하는 가장 좋은 출력법일 것이다. 그런데, 그것 또한 공부라는 의식적 작업 중의 하나다. 응용문제를 많이 풀면서 유연하게 시험에 대처하는 것을 공부시간에만 할 필요는 없다. 잘 생각해보면 우리 주변의 모든 일들이 우리가 배운 내용을 써먹기 좋은 연습대상이다.

나는 회계사 수험생활 때 여자친구와 밥을 먹고 계산을 하면서도 공부했던 회계와 세법 내용을 적용하려고 했다.

“여기 계산서에 부가가치세가 10%지? 누가 이 세금 부담하는지 궁금하지 않아?”

“응, 궁금하네.”

“우리가 부담하는 거야. 이미 10%더 냈잖아. 그리고 납부는 이 식당에서 하는 거다~ 그래서 납세자는 이 식당이고, 담세자는 우리야.”

“오 신기하네!”

“이렇게 납세자랑 담세자가 다른 세금을 간접세라고 한단다.”

위의 대화처럼 우리가 배운 내용을 떠올릴 수 있는 다양한 소스가 주변에 널려있다. 나는 가끔 뉴스를 보면서도 회계에 대한 내용이 나오면 배운 것을 떠올리고 설명해 보았다. 환율이나 금리관련 경제기사가 있으면 거시경제학을 대입해서 설명해보고 어떤 논리가 적용되는지 떠올렸다. 이런 작업은 시험에서 어떤 식으로 응용되어도 풀 수 있는 유연함을 우리에게 준다.

그리고 우리가 실제로 보고 겪은 내용은 머리와 몸이 기억하게 되어있다. 이렇게 체득된 기억은 절대로 까먹지 않는다. 그리고 배운 내용으로 주변의 현상을 설명하다가 막히는 부분이 있으면 궁금해서 다시 찾아보게 되어있다.

그리고 그 논리를 더 정교하게 만들기 위해서 꼼꼼하게 공부할 것이다. 이런 효과를 노리자는 거다.

최근에 합격한 감정평가사 시험을 준비할 때의 일이었다. 2차시험을 치르기 위해서는 실무문제를 가지고 풀이연습을 어마어마하게 해야 한다. 앉아서 자료들을 보고서 물음에 답하기 위해서는 여러 가지 측면에서 답을 도출해내는 연습이 필요하다. 실제로 현장에 갔다는 상상을 하는 것도 도움이 된다. 이런 어려운 문제에 대응력을 키워준 가장 좋은 방법은 길을 가다가 주변의 상가를 보고 가격요인을 떠올려 보는 것이다.

"이 상가는 도로조건이 소로각지이므로 저쪽 구석에 있는 상가보다는 약 1.5배 비싸겠군!"

"저기 있는 오피스텔은 역과의 거리로 봤을 때 경제적 요인이 높겠네."

이처럼 주변에 눈에 보이는 부동산을 통해서 직접 답안 작성을 연습해 본 것이다. 어떤 공부를 하든지 우리 주변 사물에 적용할 수 있다. 조금이라도 배운 내용이 있으면 주변을 둘러보고 그 내용을 적용해서 한 번 떠들어보자. 그리고 농담에도 그 내용을 섞어서 말해보자. 이런 식으로 출력하는 방법을 다양하게 만들어 놓으면 시험에 굉장히 유리해져 있을 것이다.

자기존중은 지속의 힘

" 공부는 하고자하는 의지가 절반을 차지한다고 해도 과언이 아니다. 의지만 있으면 어떻게든 자신에 맞는 방법을 찾으려고 애쓰게 되어있다. 나도 한때 목표가 서울대학교였고 고시합격이었을 때부터 어떻게든 그 목표를 달성하기 위해서 공부 잘하는 사람들을 찾아서 이야기도 들어보고 나름대로 공부 잘하는 방법을 무진장 시도해 보았다. 그런데, 그 공부 자체에 자부심이 없고 그 목표자체에 회의가 생기면 공부를 지속할 의지가 꺾일 수밖에 없다. 의도적으로라도 내가 공부하는 분야에 대해서 자긍심을 가지고 주변에도 그 자부심을 어필하기 바란다. 그래야 최대한의 노력을 기울일 수 있다. "

공부 자체가 목적이 될 수는 없다. 그러나 내가 공부하는 내용과 내가 준비하는 시험에 대한 자부심 없이는 공부를 열심히 하기 힘들다. 요즘엔 특히 고시준비생들 사이에서 패배주의가 만연해 있다.

“공인회계사 붙어도 답이 없다. 맨날 야근 한다.”

“로스쿨가서 변호사 되어도 월급 300만원 벌기도 힘들다.”

“감정평가사는 영업 못하면 살아남지 못한다.”

그런데 신기한 것은 이런 말을 하는 사람들 대부분이 그 수험공부를 하는 수험생이라는 사실이다. 물론, 자기가 공부하면서 경쟁자들이 이 공부에서 손을 떼게 만들려는 홀리 짓일 수도 있지만, 이런 마인드가 실제라면 그 시험에 붙기 힘들다.

우리가 공부하는 이유는 시험에 합격하기 위해서고 궁극적으로는 그 합격이 가져다 줄 영광 때문이다. 그 영광이 별것 아니라면 노력할 유인이 없어진다. 그만큼 공부가 매력 없는 일이 되어버리는 것이다. 이렇게 되면 공부를 하는 것도 의미가 없을 뿐만 아니라 붙어서도 괴로울 것이다.

꿈꾸는 일을 할 수 있다는 상상은 자다가도 벌떡 일어나서 공부하게 만들겠지만, 그저 그런 일을 할 것이라는 생각은 우리의 의지를 꺾을 것이다. 만약에 주변에서 내가 준비하는 시험에 대해서 부정적인 이야기를 늘어놓는다면 그냥 무시하는 게 좋다. 아니면 다른 시험을 준비하거나 다른 길을 찾길 바란다. 이게 공부를 하면서 행복할 수 있는 길이라고 생각한다.

대중교통 안에서 공부하기

"우리는 보통 이동시간은 그냥 없어지는 시간이라고 생각한다. 그런데, 버스나 지하철로 이동하는 시간이 생각보다 많은 것이 사실이다. 신기하게도 버스나 지하철에서 집중도 잘 된다. 이는 백색소음(White noise) 때문이라고 밝혀졌는데, 생각보다 지루함을 덜 느끼고 집중도 잘되는 곳이 대중교통이다. 이 시간도 잘 활용하면 공부시간도 많이 확보하고 공부량도 획기적으로 늘릴 수 있을 것이다."

내가 제일 좋아하는 공부장소는 '버스'와 '지하철'이다. 이렇게 이야기하면 뭔 또라이 같은 소리냐고 반문할 수 있다. 그래서 또라이 공부법인가. 그런데, 잘 생각해보면 우리는 대중교통 안에서 많은 시간을 보내고 있다. 지하철에 타면 모든 사람들이 스마트폰으로 영화를 보거나 뉴스를 본다. 책을 보는 사람은 요즘 한 명도 없다.

나는 집에서 고등학교까지 1시간 반 거리였고, 대학교 다닐 때에도 집에서 1시간 넘게 걸렸다. 사당에서 신촌까지 지하철과 버스를 갈아타서 학교에 등교해야 했고 이동시간에서 하루 동안 날아가는 시간이 3시간은 되는 듯 했다. 이 시간을 잘 활용하면 공부에 날개를 달 수 있다. 이동시간이 1시간이면 좋은 점은 이동수단 안에서 할 수 있는 분량의 공부를 끝내기에 안성 맞춤이라는 것이다.

나는 대학에 다닐 때는 지하철에서 주로 예습과 복습을 했다. 학교 수업에서 들었던 내용이나 오늘 들을 수업내용을 미리 프린트하여 지하철에서 읽어보고 밑줄치곤 했다. 집에 돌아가는 길에는 오늘 들었던 수업의 녹음파일을 듣거나 필기내용 등을 복습했다.

회계사 시험 준비나 다른 고시공부를 할 때에도 마찬가지였다. 이동시간에 그날 공부할 범위의 목차를 훑어보거나 어제까지 배웠던 내용을 훑어보면서 상기시켰다. 버스나 지하철 안에서 머무는 시간이 1시간정도로 짧기 때문에 그 안에서 복습범위만큼 확실히 끝내자고 생각하고 집중해서 보는 게 습관이 되니 따로 복습시간을 낼 필요가 없었다.

사실 공부는 예습과 복습이 장기기억으로 넣는데 핵심적 역할을 하는데 그것을 대중교통에서 하면 하루가 훨씬 길어진다. 이런게 습관이 되면 남들보다 좋은 성적을 받을 수 있다.

떠들어라 성적이 오를 것이다

" 내가 과외지도를 많이 하고 강사를 하면서 느낀 가장 큰 점은 강의를 하는 사람이 오히려 성적이 는다는 사실이었다. 실제로 나는 수능 그룹과외 여러팀을 맡아서 지도했는데, 같은 문제를 여러번 설명하면서 내 이해도가 깊어졌고 덕분에 실제 수능에서 높은 점수를 받았다. 회계학 강의를 하면서도 내 점수가 거의 만점으로 수렴하는 것을 경험했나. 그 후에는 공부할 때 스터디를 구성해서라도 다른 사람에게 말로 떠드는 것을 강제로 하고 있다. 남에게 설명하지 못하면 내가 완벽하게 이해하지 못한 것이고 시험에서 틀릴 가능성이 높아지기 때문에 완벽하고자 하면 말로 떠들어보는 것이 좋다. "

내 대학, 직장, 군대에서 별명이 '투머치토커(Too much talker)'였다. 한마디로 수다쟁이가 별명인 것이다. 맨날 공부내용을 떠든다고 해서 또라이라는 별명을 얻기도 했다. 지금 회계학 강사를 하고 있어서 직업병이라고 생각할지도 모르지만, 직업병이 아니다. 공부 잘하는 친구들 보면 혼잣말을 많이 하는데 공부하는 방법중에 하나라고 보면 된다. 나는 공부했던 내용을 말로 표현할 수 없다면 공부하지 않았다고 생각했다.

고등학교 다닐 때도 중간고사때만 되면 친구들과 삼삼오오 모여서 배운 내용을 서로 가르쳐 주고 떠들었는데, 그렇게 했던 과목은 점수가 좋았다. 그리고 집에 와서 어머니 앞에서 오늘 동안 배운 수업내용을 떠들면서 정리를 하곤 했는데 이것도 효과가 좋았고 공부도 재미있어졌다. 인간의 뇌는 내가 떠들었던 내용에 대해서 더 잘 이해하는 경향이 있는 것 같다.

나는 회계학 강의를 하면서 놀라운 경험을 한 바 있다. 회계사시험 수험생 시절에는 죽어도 이해되지 않던 '연결회계', '외화환산회계' 등이 강의를 하면서 새롭게 이해되고 암기가 되었던 것이다. 합격하면 다 이해가 된다더니 놀랍다고 생각했는데, 합격한 선배 중에서 아직도 수험내용을 기억 못하는 사람도 많은걸 보고 그건 아니라고 생각했다.

강의하는 것만큼 좋은 공부가 없다. 나는 수능을 처음 치렀을 때의 점수보다 나중에 수능그룹과외 지도를 하면서 치른 점수가 더 높다. 그리고 강의준비를 하고 남들 앞에서 설명하면서 새롭게 보이거나 이해되는 부분이 많았다. 회계학도 마찬가지고, 다른 시험 준비할 때도 마찬가지였다.

여러분들이 만약에 강의를 듣고 있다면 강의하는 사람의 실력이 여러분보다 훨씬 올라가고 있을 것이다. 강의를 해본 사람은 잘 안다. 그래서 공부할 때 공부내용으로 말을 만들어서 떠들라고 하는 것이다.

사람은 책을 많이 읽어서 회독수를 높이는 것만 공부라고 생각한다. 이런 공부방법은 '인풋'이라고 할 수 있다. 즉, 머릿속에 입력하는 과정인 것이다. 그런데, 시험은 아웃풋하는 능력을 테스트 하는 거다. 결국 아웃풋을 잘하는 능력도 인풋 못지않게 중요한 것이다. 이런 아웃풋을 잘하는 방법 중에 앞서 말한 '필사'가 있겠지만, 나는 필사보다 더 좋은 방법이 말로 떠들어 보는 거라고 생각한다. 공부를 재밌게 하고 싶다면, 그리고 시험장에서 쫄기 싫다면 지금부터 말로 떠드는 것부터 실천하자.

내 방 벽에 걸어둘 것

" 솔직히 방문 앞에 내가 공부하고 있다는 티를 내기 위해 뭔가 걸어두는 것은 생각만 해도 오글거린다. 창피하기도 하고 그걸 걸어둔다고 해서 공부가 더 잘 되는지도 의심스럽다. 그러나 내 방문에 공부하고 있다는 표시를 걸어두면 주변에서 나를 보는 시선이 달라진다. 공부를 열심히 하는 사람으로 보이는 것이다. 게다가 나도 그 기대를 충족하기 위해서 열심히 하여 성적을 올리려고 노력하게 된다. 이 또한 일종의 동기부여 수단이라고 생각하면 된다. "

내 방문을 보면, 수능 준비할 때는 수능 1등급을 위해서 해야할 것들을 도화지에 나열해서 붙여 두었고, 대학에 다닐 때는 4년 동안 들을 과목들을 나열해서 붙였다. 그리고 달성한 항목에는 X표시를 하여 부모님이나 손님들이 볼 수 있게 해 두었다. 내가 공부하고 있다는 것을 가족들에게 알리는 수단이었던 것이고 덕분에 많은 응원과 지지를 받을 수 있었다.

다른 몇 가지를 걸어놓고 집을 나서거나 공부할 때 다짐하곤 했는데, 그 중에 내가 제일 좋아하는 것은 "공부 근로 계약서"였다. 옛날에 사업을 해서 그런지 나는 눈에 보이게 뭔가 하는 것을 좋아하고 그렇게 하면 매일 마음가짐도 달라졌다. 그중에서 제일 효과적이었던 것이 공부 근로 계약서다.

공부근로계약서는 공부를 하는 것은 일종의 의무라는 것을 명시하고 어떤 시험에 합격하는 것을 그 조건으로 내걸게 된다. 그리고 시험일자는 계약기간이다. 시험에 합격하면 보상도 적어둔다. 부모님께 계약서를 보여주고 작은 보상이라도 약속받으면 더 좋다. 이렇게 계약서를 쓰고, 계약조항에 내가 수험생활 동안 지킬 것들을 나열하고 이를 어길 경우의 벌칙도 적어둔다. 이렇게 적고 계약일자와 싸인을 해서 방문에 걸어두면 놀랍게도 이를 지켜야겠다는 마음이 생긴다.

나보고 공부하나 하면서 유난을 떤다고, 또라이라고 생각할지도 모른다. 그런데, 우리는 뭐든 대충 시작하면 대충 끝나고 결국 인생의 패배자로 남게 된다. 처음 시작부터 멋지게 시작하고, 나름 공부를 대단한 일로 생각하고 가족들에게 홍보하면 거창하지만 지켜야 할 의무감이 생긴다. 이렇게 환경을 만들어야 공부만 할 명분이 생기는 것이다.

아래에 공부근로계약서 샘플 하나 만들어서 보여 줄테니 오늘이라도 한 장 만들어서 가족들에게 보여주고 방문에 걸어놓자. 아마 부담은 되겠지만 공부를 계속할 동기부여가 될 것이다.

공부근로계약서

고용인 : 엄마

피고용인 : 곽상빈

합격할 시험 : 사법시험

계약기간 : 1차 시험 3월 21일 까지

2차 시험 7월 8일 까지

고용조건 : 해외여행 보내주기

피고용인 의무조항

1. 매일 아침 7시 반에 기상하여 공부하러 나간다.

2. 학원은 절대로 결석하지 않는다.

3. 모의고사는 주기적으로 응시하고 그 성적을 공표한다.

2016년 12월 31일

곽 상 빈 (인)

공부를 점화하는 기술

" 무의식적인 공부점화 장소뿐만 아니라 공부를 시작하도록 하는 의식적인 행동을 하나 만들어서 무의식적으로 공부를 유발하는 것도 좋은 전략이다. 나는 커피를 마시는 행동 자체가 공부의 시작을 알리는 신호였다. 커피는 각성효과가 있기 때문에 공부하기 좋은 흥분상태로 나를 이끌어 준다. 지금도 커피만 마시면 글을 읽고 싶어지는데, 커피를 마시면서 공부를 의도적으로 연결한 결과이다. 파브로프의 개 실험을 아는가? 나는 커피만 마시면 공부하는 일종의 고전적 조건반사를 일으키는 개라고 보면 된다."

누구나 공부를 시작하기 전에 무의식적으로 하는 행동이 하나쯤은 있을 것이다. 이런 행동을 이용하면 생각보다 쉽게 공부에 집중할 수 있다. 나도 공부할 때마다 반복하는 행동이 있었다. 그런 행동을 하고 나면 뭔가 제대로 시작할 준비가 되었다고 스스로 안심이 되었다. 나는 보통 커피를 마시는 것을 공부의 전초작업으로 여겼다. 커피 한 잔을 마시고 나면 이상하게 머리가 맑아지는 느낌이었다. 그래서 커피를 마시자마자 책을 손에 잡고 눈에서 별이 보일 때까지 집중해서 읽곤 했다.

머리가 아프면 잠깐 밖에 나가서 맑은 공기를 마시고 다시 앉으면 된다. 앉아서 집중하는 수단으로 커피 한 모금을 마신다. 그러면 한동안 다시 책에 집중할 수 있었다. 이렇게 하다보면 커피를 마시는 행동과 공부하는 행동이 무의식중에 연결된다. 그러면 커피를 마실 때마다 자동으로 책을 보는 게 가능해 진다.

다만, 커피와 공부를 강력하게 연결해 두면 부작용도 있다. 커피가 없으면 공부가 잘 안 되는 것이 그것이다. 그렇기 때문에 다른 행동들도 의식적으로 공부를 점화하는 행동으로 만들어 두어야 한다. 예를들면, 아주 간단하게는 공부를 하기 전에 스스로 만든 구호를 부르고 시작한다거나 손에 바람을 불고 시작하는 것을 생각해 볼 수 있다.

나는 커피마시는 것 말고도 몇 가지 습관을 공부에 연결해 두었다. 그중에 대표적인 것이 스마트폰 끄기 였다. 스마트폰을 끄면 공부하는 시작이라고 생각했다. 이게 습관이 되다 보니 스마트폰을 끄면 저절로 책이 읽혔다. 그리고 스마트폰을 보느라 날아가는 시간이 최소화 되니 시간확보에도 도움이 되었다.

끝낸 책은 전시하기

" 나는 집의 구석 한켠을 책을 위한 무덤으로 지정해 놓았다. 참 유치하게 들릴지 모르지만 1년이 지나고 합격을 하기까지 그 책들을 쌓아놓은 모습만 보아도 공부에 대한 보람을 느낀다. 신기하게도 매일 그 모습을 보면서 '좀더 공부해야지'라고 속으로 느껴지는 순간 쉬지않고 공부를 해도 지치지 않게 된다. "

사람은 누구나 인정받고 싶어 한다. 나도 그렇고 이 글을 읽고 있는 당신도 마찬가지일 것이다. 그리고 스스로에게 가장 동기부여되는 것은 다른 사람의 인정과 눈에 보이는 자랑거리일 것이다. 나는 그런 수단으로 수험생활을 할 때마다 거실의 한 구석을 책 전시장으로 만들어 놓았다. 문제집이나 기본서를 끝내면 자랑스럽게 책 전시장의 위쪽에 꽂아 두어 내가 공부를 얼마나 많이 했는지 보이도록 했다.

나는 어머니가 그것을 보고 칭찬을 해주면 즐거웠다. 또한, 가끔 손님이 오면 자랑을 하면서 공부 의욕을 고취시켰다.

사실 공부는 눈에 보이지 않는 무형의 지식을 쌓는 작업이다. 그렇기 때문에 항상 불안하다. 내가 잘하고 있는 건지 확신이 서지 않을 때도 많다. 다른 사람들은 내가 공부하는 것을 어떻게 생각할지 궁금하기도 하다. 이를 극복하는 가장 좋은 방법은 공부한 것들을 시각화하는 것이다. 내가 공부하고 있다는 것을 눈에 보이도록 만드는 것이다.

나는 책 전시장을 만들면서 공부의욕도 고취시킬 뿐만 아니라 스스로 얼마나 공부했는지 점검하기도 했다. 내가 공부한 책들에 묻은 손 때와 공부한 분량을 보면서 더해야 할 공부가 무엇이고 어떤 공부는 충분히 했다는 것을 스스로 체크하기도 했다.

시험 도구를 사랑하자

" 시험도구는 일종의 소모품이나 필기구나 노트, 답안지, 연습장 등이 시험도구라 고 볼 수 있는데, 이러한 시험도구에 나름의 의미를 부여하면 공부가 재미있어진다. 실제로 나는 연습장은 집에 쌓아놓고 탑을 만드는 재미에 공부를 했고, 볼펜은 하나씩 끝내고 수집하는 재미에 공부를 더 열심히 했다. 조금 비싼 샤프를 쓰면서 성적이 오를거라는 자기암시도 실제로 좋은 결과를 내는데 도움을 주었다. "

공부하는 장소 못지않게 공부할 때 쓰는 필기구나 노트, 연습장 등은 매우 중요하다. 시험에 필수적인 계산기와 펜은 시험장에서도 그대로 사용하기 때문에 평소에 익숙해지다 못해 내 몸처럼 사용해야 한다. 수험생활 중간에 펜을 바꾸는 것만큼 위험한 것도 없다. 고시나 입시는 모두 제한된 시간 동안 내가 평소에 쌓은 실력을 발휘해야 하는 작업이다. 그렇기 때문에 장소만큼이나 평소 손에 익은 필기구와 계산기는 시험결과에 중요한 영향을 주는 것이다.

나는 펜으로 제트스트림 볼펜 0.7미리짜리를 주로 사용했다. 2차 시험 답안지를 작성할 때 내 글씨체가 가장 잘 부각되는 펜이었기 때문이다. 물론 주변의 다른 수험생들도 이 펜을 많이 사용한다. 나는 이 펜이 조금 비쌌지만 필기구에는 돈을 아끼지 않았다. 어차피 시험장에서 내 기량을 발휘하기 위한 투자라고 생각했다. 펜을 많이 쓰는 만큼 시험장에서 속도감 있게 답안지를 쓸 수 있다고 생각하면 그 돈은 아까운 것이 아니다.

계산기나 독서대, 필통 등은 일부러 비싼 것을 사서 사용했다. 남들에게 보여주기 위해서 그런건 아니다. 1년 이상 사용할 것들이기 때문에 이왕이면 비싼 것을 쓰는게 중간에 교체하지 않아도 되고 좋다. 그리고 비싼 만큼 공부를 열심히 하게 되는 효과도 있다. 실제로도 비싼 계산기가 성능이 좋고 계산시를 두드릴 때 타감도 좋았다.

공부용품이 좋을수록 공부에 대한 자부심이 높아지는 효과도 있다. 공부를 할 때마다 비싼 공부를 하고 있다는 생각에 빨리 합격하고자 노력하기도 했다. 나는 심지어 계산기 위에 이름표를 붙이고 "CPA 곽상빈"이라고 새겨 넣기도 했다. 공부를 하고 있다면 자신만의 학용품을 만드는 것도 하나의 재미라고 생각한다. 공부를 하루이틀 할 것이 아니라면 이렇게 소소한 것들이 공부를 지속하는 힘이 되기 때문이다.

롤 모델의 중요성

" 롤모델을 정해서 모방하는 것만큼 좋은 공부의지를 불태우는 방법도 없다. 인간은 따라하고 싶은 무언가를 갈망하고 모방을 하면서 만족을 느끼는 존재이다. 나도 롤모델을 설정하면서 보다 분명한 공부목표와 인생목표가 생겼다. 이를 잘 활용하면 공부하는 동안 슬럼프를 극복하고 더 나아갈 수 있다. "

나는 공부도 나름 멋과 낭만이 있어야 한다고 생각한다. 공부를 정말 잘하는 천재적인 사람을 닮고 싶어야 나도 그처럼 공부를 잘 할 수 있다. 그냥 평범한 사람을 따라서 살면 그 평범한 사람보다 못할 수밖에 없다. 누군가를 따라한다는 것은 그 사람처럼 되는 과정 중에 하나이다. 수험생활이 힘들지 않고 행복하기 위해서는 수험생활의 롤모델이 분명해야 한다.

나의 수험생활 롤모델은 고승덕 변호사였다. 참 웃긴 것은 고승덕변호사가 했던 방법을 모두 따라해 봤는데, 그 과정에서 나만의 공부방법이 탄생했고, 고승덕 변호사와 전혀 다른 공부법으로 공부를 해서 성공을 거두었다는 점이다. 나름 고시공부를 한다고 하루에 18시간씩 공부하면서 낮과 밤을 바꾸고, 비빔밥이 아닌 샐러드 몇 개를 사두고 그것으로 끼니를 때우면서 전투적으로 공부를 했으나 내 성격과 맞지 않았다.

나는 한곳에 앉아서 오랫동안 집중하는 게 힘들었다. 자리를 이동하면서 하는 걸 좋아했고, 그 과정에서 한시도 쉬지않고 집중하려고 했을 뿐이다. 수험생활 롤모델인 고승덕 변호사의 공부 이념은 모방했지만 방식은 내 방식대로 했던 것이다. 나는 이렇게라도 따라하면서 내 수험생활을 재미있게 보냈다. 비슷하게 해냈을 때는 나름의 성취감도 느끼고 스스로를 실험해 보면서 자신감도 얻었다.

만약에 수험생활을 시작하는 사람이 있다면 적어도 공부에 있어서는 끝판왕을 깨본 사람을 따라해 보라고 권하고 싶다. 그럴때에 그 사람의 업적의 반이라도 건질 수 있다. 물론, 그 과정에서 나에게 맞는 방법은 계속 고민하고 적용해 봐야 한다.

생활은 최대한 단순하게

> " 수험생은 공부 이외에는 다른 생활이 복잡해서는 안 된다. 공부는 처음에는 티가 나지 않다가 쌓이면서 기하급수적으로 실력이 올라가는 특징이 있다. 그렇기 때문에 실력이 올라갈때까지는 자신을 통제하고 다른 일은 최대한 시험이 끝난 뒤로 미루어야 한다. "

수험생은 절대로 생활이 복잡해서는 안 된다. 특히 대학입시나 고시공부의 경우에는 생활의 중심은 공부여야 한다. 하루 종일 공부만해야 한다고 해도 과언이 아니다. 물론 직장인의 경우에는 공부만 할 수는 없을 것이다. 이런 경우에는 직장에서 업무 보는 시간을 제외하고는 모든 에너지와 시간을 공부에 쏟을 수 있어야 한다.

절대로 하루를 세 가지 이상의 일에 할애해서는 안 된다. 그리고 어려운 시험일수록 생활패턴은 예측 가능하고 단순해야 한다. 아침에 기상해서 공부했던 내용을 상기하고, 아침 식사를 하면서 공부내용을 예습하거나 암기노트 등을 보고, 오전 공부 혹은 업무를 하고 점심을 먹고 오후 일과를 마치고 저녁을 혼자 먹고, 또 저녁시간을 오롯이 공부에 바치면 하루가 끝나는 단순화된 생활패턴을 유지해야 한다.

그리고 명절이나 기념일도 평소처럼 공부할 수 있을 정도로 변화를 주지 않는 게 좋다. 실제로 나는 크리스마스에도 도서관에 정해진 시간에 나갔고, 생일에도 저녁식사만 가족들과 하고 나머지 시간은 평소처럼 공부를 했다. 심지어 2012년에는 새해라고 해서 친구들이 놀러가자고 할 때에도 학교 중앙도서관에 가서 공부하다가 "새해에도 공부하는 대학생"으로 뉴스에 나오기도 했다.

보통 큰 시험에 합격한 사람들 공통점은 하루에 10시간씩 공부하고 7시간 이상 잘 거 다 자면서도 합격을 한다는 것이다. 그들의 합격비결은 하루가 공부에만 초점이 맞춰져서 돌아가고 하루도 빠지지 않고 일정량의 공부를 했다는 데에 있다. 하루 이틀 밤새서 공부하는 건 쉽다. 그런데 1년 동안 매일 빠지지 않고 일정시간을 공부하는 건 정말 어려운 일이다. 매일 단순하게 공부하는 것만큼 합격의 지름길도 없다.

휴식을 취하는 기술

" 공부도 근육을 만드는 것과 비슷하다. 폭발적으로 공부를 한 다음에는 근육이 자라날 수 있도록 일정시간은 휴식을 취하고 영양분을 섭취해 주어야 한다. 그리고 다시 몰아치고 근육이 커지도록 쉬어주는 것을 반복해야 한다. 휴식도 주기적인 패턴을 가지고 취해야 하는 이유가 여기에 있다. "

공부에 있어서 휴식은 필수다. 공부를 잘하는 사람일수록 집중력을 가늘고 길게 유지하지 않고 폭발적으로 집중 후에 휴식을 취하고 다시 폭발적으로 집중하는 지그재그 패턴을 취한다. 인간은 50분 이상 집중하기 힘들고 의식적으로 쉬지 않고 집중하려고 해도 딴생각을 하게 되어 있다. 따라서 휴식도 패턴을 만들어서 효율적으로 하는 게 중요하다.

나는 군대에서 교관생활을 하면서도 공부를 지속해 왔다. 아침 7시에 기상하여 씻고 7시 30분에 아침 식사를 한다. 점심은 12시, 저녁식사는 6시였다. 1년 내내 이렇게 정해진 패턴을 따르면서 살기 때문에 휴식도 식사시간에 맞춰서 효율적으로 취했다. 낮에 업무를 보는 시간에는 열심히 일에 집중하고 중간에 점심시간에 휴식을 취하면서 동시에 짬을 내서 공부를 한다. 그리고 업무를 다시 하게되면 공부와 다른 기분으로 일을 할 수 있다. 공부 입장에서는 일하는 시간이 일종의 휴식이 된다. 그리고 저녁식사를 하면서 공부생각으로 돌아오면서 다시 공부에 집중을 시작한다. 새로운 기분으로 공부를 시작할 수 있는 것이다.

이렇게 패턴을 정해서 휴식과 공부를 배치하면 새롭게 기분전환을 하면서 효율적으로 공부할 수 있다. 그리고 하루 종일 공부만 하는 것보다 중간에 다른 것을 조금씩 섞어주면서 공부할 때만큼은 폭발적인 집중을 하는 게 훨씬 효과가 좋다. 독서실에 앉아만 있으면 뭐하는가. 머릿속은 온통 다른 생각만 하면 소용없다. 차라리 집중할 때는 공부에 올인 하고 휴식은 짧고 강렬하게 취하는 게 좋다.

12시에 밥먹을 시간이다. 오후 6시에 밥 먹을 시간이다. 처럼 중간에 정해진 휴식이 있다면 그 시간을 기준으로 초 집중을 할 수 있기 때문에 효율적으로 공부를 할 수 있다. 휴식시간을 의식하면서 나머지 시간에 최대한 정해진 공부를 끝내려고 한다면 집중력도 높일 수 있고 밀도 높은 공부를 할 수 있을 것이다.

전업 수험생의 경우 가장 좋은 휴식 패턴은 50분 공부하고 10분을 쉬면서 60분을 공부에 활용하는 방법이다. 그리고 아침시간, 점심시간, 저녁시간에 식사와 함께 산책하면서 책을 읽거나 공부내용을 상기하면서 기분전환을 하는 것이다. 그리고 절대로 시간표를 짜서 정해진 시간에 정해진 공부를 하지 마라.

그냥 하루동안 할 공부 분량을 정해 놓고 그것을 하루 안에만 끝내면 된다고 생각해야 그 계획을 지킬 수 있다. 다만, 공부에 집중하기 위해서는 50분 초집중하고 10분은 푹 쉬는 식으로 공부의 패턴을 만들면서 공부하라는 것이다. 이렇게 해야 집중력을 유지하면서 하루 종일 공부를 효율적으로 해나갈 수 있다.

장소를 바꿔가며 공부하기

" 한 장소에서만 오래 공부해야 한다는 것이 전통적인 고시 선생들의 통설이었다. 그러나 최근에 과학자들의 다양한 실험에서도 장소를 바꾸면서 공부하는 것이 집중력 향상에 도움이 된다는 사실이 밝혀졌다. 나도 한 군데서 오래 집중을 못하기 때문에 5시간에 한 번씩 장소를 바꾸면서 공부를 했다. 오히려 한 군데서 공부를 하다가 집중력을 잃고 멍하게 앉아 있으면 그것이 더 끔찍한 결과를 가져온다는 사실을 명심하자. "

나는 고등학생 때부터 지루함을 피하기 위해서 장소를 바꿔가면서 공부했다. 신기하게도 공부했던 장소와 공부했던 내용이 통째로 기억에 남아서 "아! 이 내용은 중앙도서관에서 공부했던 건데!"하면서 떠올린 적이 많다. 같은 내용을 여러 장소에서 공부하다 보면 어떤 장소나 냄새를 맡았을 때 그 내용이 자동으로 떠오르기도 했다. 그만큼 내 뇌는 장소와 내용을 한 덩어리로 기억하는 듯 했다.

나는 처음에는 지루함을 피하기 위해서 도서관에서 3시간 공부하다가 세브란스 병원 스타벅스에서 3시간 공부하다가 경영학과 1층 로비에서 3시간 공부하는 등 일부러라도 패턴을 정해서 장소를 바꾸면서 공부했다. 시험장과 같은 환경에서 공부할 수 있으면 제일 좋다는 이야기를 들었으나 어떤 환경에서도 적응할 수 있다면 시험장의 상태는 중요하지 않을 거라고 생각했다.

그래서 일부러 장소를 바꾸면서 최대한 나랑 잘 맞는 3군데를 정해서 번갈아 가면서 공부했다. 그러다 보니 장소와 매치되던 내용이 내용만 덩어리로 머리에 들어왔다. 같은 내용을 일부러 3군데의 장소를 번갈아가면서 반복해 보니 장소와의 연결보다는 그 내용 자체가 살아 움직이듯이 머릿속에 사진으로 남는 경험을 했다.

과학적으로 설명할 수는 없지만 이런 방법을 취하니 기억력도 좋아지고 공부도 더 잘되었다.

강점을 극대화해서 약점 가리기

" 모든 시험에서 합격은 총점싸움이 되는 경우가 많다. 총점이 높으면 상대적으로 등수도 올라가므로 정해진 인원을 뽑는 시험에서 우위를 점하게 된다. 총점을 올리기 위해서 모든 과목을 고르게 잘하면 좋겠지만 제한된 시간 안에 어려울 수 있다. 그럼 내가 잘하는 과목에서 고득점을 해서 상대적으로 약한 과목의 결손을 매우는 것이 현명할 것이다. "

사람마다 자기의 강점이 다르다. 저마다 좋아하는 과목도 다르고 관심사도 다르기 때문이다. 평소에 좋아하는 과목이 있으면 자연스럽게 시간을 투자하게 되어 있다. 그러다 보면 그 과목은 잘하게 된다. 내게는 그런 과목이 컴퓨터 프로그래밍이었다. 컴퓨터 프로그래밍 소스코드는 대부분 미국의 웹사이트와 영어로 된 원서에 많이 있었다. 그래서 자연스럽게 영어공부에 관심이 많이 생겼다.

미국자격증을 취득하는 과정에서 영어를 나름 재미있게 공부했다. 수능공부를 할 때에도 영어를 많이 하다 보니 영어점수가 제일 빠르게 올랐다. 영어점수가 안정적으로 나오다 보니 다른 과목에 투자할 시간도 많아졌다. 상대적으로 수학과 국어에 투자할 시간을 많이 확보한 나는 결국에는 모든 과목의 균형을 잡을 수 있었다.

고시공부도 마찬가지인데 고시수험에서는 모든 과목을 다 잘할 필요가 없다. 고시는 전 과목 40점을 넘기면서 평균 60점을 넘기면 합격이다. 최소선발인원이 있는 2차 시험은 등수로 선발하기도 한다. 어찌되었든, 4과목만 보는 시험의 경우 1과목에서 90점을 받으면 나머지 과목에서 모두 50점만 득점해도 합격한다. 소위 전략과목에서 고득점하면 다른 과목에서 낮은 점수가 나와도 붙는 것이다.

만약에 강점이나 전략과목이 하나도 없다면 어떻게 해야 할까?

나는 공인회계사 시험공부를 할 때 강점인 과목이 하나도 없었다. 그런데 한 과목을 기가 막히게 잘하면 나머지 과목에서 부담을 덜 수 있다는 것을 선배들에게 듣고 알게 되었다. 그래도 고등학교 때 회계원리와 원가회계를 공부한 경험이 있어서 회계학에 대해서는 남들보다 쉽게 접근할 수 있겠다고 생각했다.

보통 회계사시험 수험생들 사이에서는 회계학은 과락만 넘기는 어려운 과목이라고 여겨졌다. 나는 반대로 회계학이 그나마 친숙해서 회계학을 고득점 전략과목으로 삼았다. 처음에는 분량도 많고 내용도 어려워서 힘들었지만, 1년 동안 죽어라 공부해서 80점대로 올려놓고 나니 효자과목이 되었다. 1차 시험에서는 총 5과목을 치러야 했기 때문에 전략과목을 하나 더 만들어야 했는데, 그게 상법이다.

상법은 다른 과목에 비해서 회독수만 늘리면 90점까지 고득점이 가능했다. 회계사 시험 1차를 준비할 때, 그 밖의 과목에서는 객관식 문제집 위주로 공부하면서 최소한의 점수만 받자고 생각했다. 이런 전략은 굉장히 효율적인데 아쉽게도 경영학과목 두 번의 과락으로 실패를 맛보았다. 하지만 공부 3년 차에 동차 합격을 할 수 있는 힘이 되었고 이 전략을 다른 시험공부에 사용해서 단기간에 많은 시험에 합격할 수 있었다.

다른 시험을 준비할 때에도 회계학이 기본적으로 90점이 나와 주다 보니 단기간에 편하게 합격할 수 있었다. 이는 마치 옛날에 주유소 습격사건이라는 영화에서 유오성의 대사와 같다. "나는 한놈만 패!" 이 장면은 아직도 내 기억에 남아있다. 한 과목만 패서 고수가 된다면 다른 과목에서 크게 이득이다. 다른 과목에 투자할 시간이 많아지고 그만큼 여유있게 시험에 임할 수 있는 것이다.

제일 못하는 과목에 집중

" 모든 시험에는 과락이라는 제도가 있다. 어떤 과목이든 일정점수 아래로 내려가면 다른 과목의 점수가 아무리 좋아도 탈락하는 것이다. 이처럼 과락을 맞지 않기 위해서는 제일 못하는 과목을 안정권까지는 끌어올려야 한다. 나도 한때 이런 생각을 안 하고 잘하는 과목에 올인 했다가 경영학과목이 35점 밖에 나오지 않아서 탈락한 기억이 있다. "

내가 잘하는 과목은 점수득점에 있어서 엄청난 효자역할을 한다. 이 과목 덕분에 다른 과목에 투자할 자원이 늘게 된다. 그러면 남는 자원을 어떻게 배분할지의 문제가 남게 된다. 나는 시험에서 평균 60점을 넘는 것도 중요하지만, 모든 과목을 40점을 넘기는 것이 우선적인 과제라고 본다.

그러면 답은 명확하다. 모의고사를 한 번 쳐보고 제일 점수가 낮은 과목부터 차례대로 시간을 투자해서 40점이 넘는 실력을 만드는 것이다. 모든 과목이 40점을 넘게 되면 그때 잘하는 과목의 점수를 극대화하기 위해서 숙달시키면 된다.

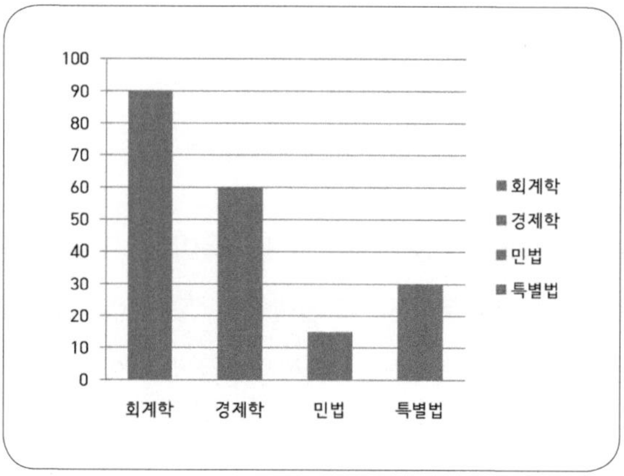

예를 들면, 회계학 90점, 경제학 60점, 민법 15점, 특별법 30점이 나왔다고 가정하자. 이 때, 가장 집중해서 우선적으로 올려야 하는 과목은 민법이 된다. 민법이 가장 낮은 점수이기 때문이다. 민법점수를 올리기 위해서 수단과 방법을 가리지 말고 자원을 투자해야 한다. 이렇게 해서 민법은 적어도 40점 이상 나오게 만들면 그 다음으로 특별법에 매진해야 한다. 특별법도 과락이므로 특별법 실력이 충분히 오를 때까지 공부를 해야 한다. 과락을 없애야 일단 합격권에 들 수 있다.

이 때, 40점만 넘기면 된다고 해서 40점을 목표로 해서는 안 된다. 시험장에서는 돌발 상황이 있을 수도 있고 그 날의 컨디션에 따라서 점수가 10점 정도는 떨어질 수도 있다. 따라서, 적어도 50점은 넘긴다는 생각으로 공부를 하되 40점을 넘기는 경과를 만들어야 한다. 원래 잘하는 과목 덕분에 이렇게 약한 과목에 집중 투자가 가능한 것이므로 약한 과목을 끌어 올리는 데에 우선 집중한다.

합격이라는 결과물은 구체적인 목표점수를 염두해 두지 않으면 나오기 힘들다. 지금이라도 내가 잘하는 과목과 못하는 과목을 구분해 보고 못하는 과목 중에 과락이 날 법한 과목부터 올리기를 시작해 보자.

시험을 고를 수 있다면

" 고등학생 단계에서는 시험에 대한 선택의 여지가 없다. 내신관리를 해야 하고 수능을 보고 논술을 보아야 하기 때문이다. 대학을 가기 위해서는 무조건 보아야 하는 시험과 과목이 정해져 있다. 그러나 대학이후의 시험은 선택의 연속이다. 공무원시험을 보더라도 직렬이 나누어져 있고 자격증도 그 종류가 다양하다. 내 전공과 적성에 가장 잘 맞는 시험에 도전할수록 수험기간을 단축할 수 있는 것이다. "

반드시 특정한 시험에 응시해야 한다면 어쩔 수 없겠지만, 응시할 시험 자체를 선택할 수 있는 입장이라면 조금이라도 자신의 강점이 많은 시험에 응시하길 권한다. 만약에 당신이 대학생이거나 전공이 정해진 사람이라면 그 전공과 관련된 시험을 준비하는 것이 전공과 무관한 시험을 준비하는 것보다 합격하기 10배 쉽다.

나는 어릴 때부터 컴퓨터 프로그래밍을 독학했고 관련된 일들을 많이 하오면서 IT관련 지식과 노하우를 쌓아왔다. 나에게 컴퓨터와 관련된 시험을 보라고 하면 다른 분야에 비해서 상대적으로 쉽다. 이는 이미 기본적인 지식과 용어정리가 되어 있고 그에 대한 대응방법도 가지고 있기 때문이다. 그래서 나는 IT관련 국제자격증을 준비할 때 다른 시험에 비해서 상대적으로 쉽게 공부할 수 있었다. 물론, 단기간에 여러 개의 자격증을 취득하는 건 많은 연습과 인내심을 필요도 한다. 이것도 시험이기 때문이다. 그래도 다른 시험에 비해서는 훨씬 쉽다.

내가 만약 법학전공자도 아닌데 사법시험을 준비한다고 치자. 그러려면 우선 기본적인 법학 용어정리부터 해야한다. 그리고 헌법, 민법, 형법부터 시작해서 각종 소송법과 특별법까지 공부를 하여 소화해 내야 한다. 기존에 주관식 논술형 시험에 적응되지 않았다면 추가로 답안 작성 연습도 해야 하고 많은 시간을 나와 맞지 않는 것들에 투자해야 할 것이다. 이는 분명 전공자에 비해서 힘든 일이다.

반대로 공인회계사를 비롯한 각종 금융자격시험은 내게 비교적 유리한 시험이었다. 나는 전공이 경제학이고 경영학을 이중으로 전공했기 때문이다. 대학 4년 동안 경제학, 경영학 등에 대해서 깊이 있게 공부했기 때문에 기본지식이 충분히 쌓여있고 개념도 익숙하다. 이런 상태에서 경영이나 경제와 관련된 시험과목을 공부하기는 어렵지 않다. 대부분의 내용이 대학 때 수업에서 들었던 내용이니까 말이다. 이런 경우 내용 습득에서 시간을 절약하고 바로 문제풀이에 들어갈 수 있다. 남들보다 몇 단계를 앞서가는 것이다. 당연히 이런 시험에서 합격할 가능성도 상대적으로 높다.

배우고 싶다면 먼저 베풀자

"스터디를 구성하면 좋은 점이 내가 잘하는 부분은 다른 사람들의 합격을 위해서 도와줄 수 있고 내가 약한 부분은 도움을 받아서 빨리 극복할 수 있게 된다. 이렇게 시너지를 낼 수 있는 관계를 만들면 만들수록 시험에 합격할 가능성은 높아진다."

나의 성격상의 강점은 '속도'이다. 평소에 성격이 급하고 빠르게 일 처리하는 것을 좋아했던 나는 꼼꼼함이 떨어진다는 이야기를 자주 들었다. 업무를 할 때에도 검토는 대충하고 대신에 의사결정과 일처리는 빨랐다. 결과물을 만들어내는 속도가 빠른건 강점이었지만 고민을 덜하고 실수를 많이 하는 습관은 약점이었다. 그래서 꼼꼼하게 검토하거나 자료를 보완해주는 조교의 도움을 받아서 일 처리를 해야 완벽한 결과를 낼 수 있었다.

다행히 나는 내 강점과 약점을 처음부터 잘 알고 있었다. 그래서 실수를 줄이기 위해 내 약점은 다른 사람의 도움을 받아서 해결하곤 한다. 이는 마치 삼성이 설계에는 강점이 있기 때문에 그것에 집중하고, 나머지 제조 등은 외부 업체에 아웃소싱을 하는 것과 같은 논리이다.

공부도 마찬가지다. 나는 만들어진 자료는 빠르게 진도를 나가면서 암기할 수 있는 추진력이 강점이다. 반대로 필기노트 정리나 자료를 체계적으로 모으는 것에 있어서는 약하다. 정보에도 둔감해서 한 가지 공부에 매진하면 그것만 반복하려는 경향이 있다. 그렇기 때문에 정보수집이나 노트정리는 함께 스터디 하는 사람들의 도움을 많이 받았다. 대신 나는 함께 공부하는 사람들의 회독수를 높여주기 위해서 따로 시간을 내어 서로 공부한 부분을 나누고 모의고사를 풀어보는 시간을 만들었다.

이렇게 다른 사람이 정리해준 서브노트를 구해서 내 방식대로 복습하면 시간을 획기적으로 줄일 수 있었고, 나도 그 사람에게 내 강점을 활용해서 복습에 도움을 주면서 서로 시너지를 낼 수 있었다. 이렇게 공부했던 스터디에서는 함께 공부한 사람 모두 합격을 맛볼 수 있었다.

제4장

공부순서: 거꾸로 공부하면 합격이 빠르다

거꾸로 공부법으로 접근하자

당신은 어떤 방법으로 공부를 하는가. 학교나 학원, 동영상 강의에서 가르쳐 준 대로 혹은 커리큘럼에 맞추어 순서대로 공부하는 경우가 대부분일 것이다. 기본서를 처음부터 끝까지 공부하고나서 기출문제와 족보를 통해 막판 정리를 할 것이다. 나도 한때는 이렇게 공부했으니 대부분 비슷할 거라고 생각한다.

그러나 이렇게 공부해서는 단기간 내에 합격을 이루어 내기 여간 어려운 것이 아니다. 고승덕 변호사의 공부법 처럼 하루 18시간씩 진도를 줄여가면서 공부하지 않는 이상 기본서의 어마어마한 양을 짧은 기간 내에 소화하기는 힘들다. 우리는 천재가 아니다. 기본서를 다 암기하기 위해서 공부하면 오래갈 수 없다.

그럼 어떻게 접근해야 하는가. 발상의 전환을 해야 한다. 남들과 다르게 기출문제부터 보자. 기출문제는 해마다 반복되는 내용과 유형을 보여 준다. 학원의 기본교재도 대부분 기출문제를 기초로 내용구성을 하고 기출문제 표시와 해설을 하는 방식으로 만든다. 나도 학원 강사를 하던 시절에 문제집은 해당 시험의 기출문제에 나온 논점을 중심으로 제작했으니 말이다.

그럼 기본 이론에 대한 내용도 정리되지 않은 상태에서 어떻게 기출문제를 먼저 보라는 말인가. 요즘에는 기출문제만 따로 모아 놓은 책이 많이 있다.

8개년도 혹은 5개년도 최근 기출문제집을 구입할때 해설이 잘 정리되어있는지 확인하고 구입해야 한다. 기출문제집을 사서 답과 해설을 보아도 되니 문제들을 훑어보는 작업을 반복해 둘 필요가 있다. 만약에 문제가 이해되지 않는 경우에는 해설과 답을 보아도 좋다. 답답하고 막막하더라도 처음에는 해설과 문제를 봐 두어야 기본서를 보는 단계에서 중요한 부분이 무엇인지 빨리 파악할 수 있다. 이렇게 해야 공부기간이 단축되는 것이다.

실제로 이렇게 공부방법을 바꾼 다음에 놀라운 결과를 보인 학생들이 많이 있다. 나와 함께 스터디를 했던 손해사정사 수험생들은 3개월 만에 같이 2차 시험을 합격할 수 있었고, 연세대학교 로스쿨에 재학중인 후배는 한 학기 학점이 올 A를 기록할 수 있었다. 미리 족보와 기출문제를 구해서 답안을 정리한 다음 여러 번 반복 후에 기본내용을 보는 방식으로 공부계획을 수정한 결과였다.

이 과정에서 기본서의 중요하지 않고 난해한 내용을 이해하려고 에너지를 낭비할 필요가 없어진다. 복잡한 내용일수록 시험에 나오는 부분만 추려 반복함으로써 최 단기간에 시험에 적용할 내용에 숙달할 수 있게 되는 것이다. 굳이 내용을 완벽하게 이해하지 못해도 답안을 채워 낼 수 있는게 이 방식의 공부법 핵심이다. 우리는 논문을 쓰거나 학자가 되려는 것이 아니기 때문이다.

암기하는 양 〉 까먹는 양

우리는 누구나 암기를 잘 해야 시험을 잘 본다는 사실을 잘 안다. 그런데 한 번에 외우는 것도 힘들 뿐만 아니라 조금만 다른데 신경을 써도 금세 그 내용을 까먹는다. 정말 천재가 아닌 이상 누구나 암기한건 까먹게 되어 있다. 하지만 외운것을 까먹는다고 미리 겁먹을 필요는 없다. 누구나 비슷하니까. 지레 겁부터 먹고 공부를 포기하는 것 자체가 바보다. 한 번에 모든걸 기억할 수 있다면 누가 노력하겠는가.

심리학자 에빙하우스의 망각곡선 이론을 아는가. 그의 이론은 인간은 어차피 망각의 동물이기 때문에 복습을 해야한다는 점을 일깨워 준다.

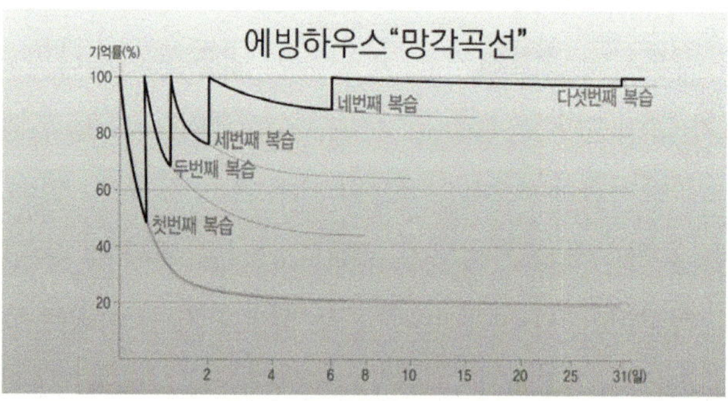

〈에빙하우스 "망각곡선"〉

우리 같은 보통의 사람들은 어떻게 복습을 해야 하는지 그의 이론을 보면 잘 알 수 있다. 진도를 나가고 복습은 하지 않는 사람들은 결국 대부분 내용을 까먹게 된다는 것이다. 진도나가기를 학습이라고 믿고 있는 학생들은 성적이 좋을 수 없다. 시험을 보게 되면 아는 것이 망각되어 거의 사라진 것을 알게 된다.

공부는 그냥 한 번 본다고 되는 것이 아니다. 에빙하우스 망각곡선에서는 공부해서 기억해도, 1시간 뒤에 55%를, 1일 뒤에 70%를, 그리고 1달 뒤에는 80%를 잊어버린다고 한다. 정말 허망한 것은 하루 새에 태반을 까먹고 그 뒤엔 까먹을 것도 별로 없다는 것이다. 망각하지 않으려면 과목 시간 끝나기 전 5~10분, 저녁에 과목별로 5~10분, 주말에 1~2시간, 교재 한 권 끝내고 꼭 복습해야한다는 말도 있듯이 빠른 시간 안에 반복하는 것이 중요하다.

처음에 공부가 미숙하던 시절에 나는 기본서의 한 문장 한 문장을 꼼꼼히 외우면서 공부했다. 그러나 시험장에 가면 하나도 기억이 나지 않아 애를 먹곤 했다. 서브노트를 만들어서 의도적으로 암기도 해봤지만 일주일만 지나면 까먹는 내 모습을 발견하곤 했다. 정말 답답한 일이었다. 이러한 경험을 통해서 그냥 대충 여러번 읽기로 마음을 고쳐먹었다. 그냥 빠르게 책을 읽으면서 최대한 반복하려고 했다. 신기하게도 이렇게 대충 여러 번 반복한 내용은 덩어리 내용 단위로 기억이 잘 났고, 꼼꼼하게 한 두번 읽었던 내용은 기억이 잘 안났다.

나는 결국 공부에서 가장 효율적인 방법은 꼼꼼하게 암기하는 게 아니라 기억이 희미해지기 전에 계속 다시 복습해서 까먹는 속도를 늦추는 것임을 깨달았다. 공부는 빠르게, 단기간 내에 반복하는 것이다.

완벽주의를 버려라

처음부터 잘하려고 할 수록 힘들어지는 것이 공부법이다. 왜냐하면 처음에 기대치가 너무 높으면, 너무 완벽하게 하려고 하면 좌절할 가능성도 크기 때문이다. 나는 해도 안된다는 생각을 하는 순간 끈기있게 공부하기 힘들어 진다. 지나치게 높은 목표수준은 도달하기도 힘들뿐만 아니라 시험공부에 대한 부담과 공포를 증가시키게 된다. 자연스럽게 공부와는 멀어지게 되는 것이다. 그래서 처음 시작할때는 쉽고 재미있는 것부터 해야 한다. 단계적으로 공부량을 늘려야 하고 조금 어려운 내용도 추가하면서 공부에 흥미를 붙여야 한다.

모든 시험에는 출제 원리가 있게 마련이다. 난이도가 낮은 문제와 중급문제, 고급문제가 적절히 섞여서 출제 된다. 마치 소고기의 단백질과 지방의 비율의 마블링이 잘 된 상태와 유사하다. 기출문제를 분석해 보면 기본적인 내용으로 구성된 문제가 70퍼센트는 된다.

즉, 누구나 기출문제에서 반복되는 문제와 내용만 잘 학습하면 합격권에 들 수 있다는 말이다. 시험은 백점을 맞을 필요도 없고 대부분 합격선이 60~70점인 것을 감안하면 효율적으로 쉬운 내용부터 온전히 공부할 필요가 있는 것이다. 어려운 문제를 맞추려고 하기 보다는 쉬운 것에서 실수를 하지 않아야 한다. 여기서 어려운 문제는 기본 내용을 바탕으로 새로운 아이디어를 첨가한 응용문제이다. 이런 문제를 맞추려면 공부가 많이 필요하며 기본기가 잘 다져진 상태에서 접근하는게 좋다. 어쨌든 기본적으로 쉬운 내용의 공부가 잘 되어 있어야 한다.

우리는 게임을 좋아하고 대부분이 쉽게 중독된다. 게임은 첫 단계가 매우 쉬우며 하나의 미션을 해결하면 즉각적인 보상이 주어진다. 쉽게 보상을 받다 보면 쾌락중추가 자극되고 도파민이 분비된다. 이러한 상태에서 더 난이도 높은 미션에 도전하기 쉬워지고 힘이 생긴다. 공부도 사실 이렇게 접근해야 한다. 기본적이고 쉬운 것들을 먼저 해낸 다음 그 쾌감을 이용해서 어려운 것에 도전해 나가는 것 말이다.

총론을 깊게 파야 각론을 넓게 잡는다

대부분의 수험생들은 처음부터 넓게 공부범위를 설정하려고 한다. 읽어야 할 기본서가 1000페이지 분량이라면 모든 내용을 다 같은 비중으로 공부하려고 하는 것이다. 사실, 모든 과목의 기본서를 기본적이고 포괄적인 내용인 총론에서 시작해서 구체적이고 지엽적인 내용인 각론으로 끝난다. 사실 총론과 각론을 가릴 것 없이 시험에는 비슷한 비중으로 출제되거나 각론 부분에서 더 많이 출제되는 것을 보아왔다. 각론이 더 구체적이고 복잡하기 때문에 출제자는 각론에서 많은 문제를 내고 싶어하는 것이다.

그러나 각론의 구체적인 내용을 잘 이해하고 암기하기 위해서는 기본적인 총론의 내용이 든든하게 머릿속에 들어 있어야 한다. 보통 모든 과목의 각론이 총론과 같은 논리 하에서 특수한 상황을 부각하여 설명하거나 예외적인 상황을 구체적으로 풀어 놓았기 때문이다. 예를 들면, 회계의 기초적인 용어와 재무제표 이론을 완벽하게 알아야 각론의 끝부분에 있는 '현금흐름표'내용에 접근할 수 있다. 앞의 내용이 기본이 되서 뒤의 내용을 잡을 수 있는 것이다.

그렇기에 총론을 공부할때는 완벽해질 때까지 반복하면서 내 것으로 만들 필요가 있다. 각론은 지나치게 깊이 이해하려고 하지 말고 총론의 내용을 토대로 하나씩 살을 붙인다는 생각으로 지식을 넓혀나가는게 좋다. 이는 마치 기초공사와 정제 작업이 잘 되어 있으면 건물을 멋지게 올리고 꾸미는데 훨씬 수월한 것과 같은 이치이다.

기출문제라고 다 같은 게 아니다

기출문제를 강조하다 보니 문제로 공부하려는 사람들 중에서 어떻게 공부하면 좋을지 구체적으로 물어오는 분들이 많았다. 수험생들은 기출문제가 중요하다는 말은 학원에서도 들었지만 20회~ 30회가 넘은 시험에서 기출문제를 모두 같은 비중으로 보려면 시간이 모자라기 때문이다. 나는 기출문제도 우선순위를 부여해서 회독을 늘려감에 따라 비중을 달리 해야 한다고 생각한다. 그럼 어떤 문제를 더 자주 집중해서 보아야 하고, 어떤 문제를 대충 보고 넘어가도 된다는 말인가.

우선은 최신 기출문제일수록 자주 보아야 한다. 이건 너무 당연한 이야기이다. 10년이 넘어간 기출문제는 지금 당장의 시험 출제 경향과는 동떨어져 있을 가능성이 크다. 보통 출제위원은 4년 정도에 한 번씩 교체되고 같은 출제위원이 출제하는 시기에는 비슷한 유형의 문제가 다수 출제된다. 그렇기 때문에 10년이나 지난 기출은 내용적인 측면에서는 참고할 수 있지만 시험 유형적인 측면에서는 의미가 떨어진다. 그리고 시대가 변할수록 문제의 난이도와 사례, 내용영역도 업데이트가 되므로 최근기출이 더 의미가 크다.

다만 각종 자격시험의 2차 시험에서 불문율이라고 할 수 있는 것이 작년에 큰 배점으로 출제된 주제는 다시 큰 문제로 출제되지는 않기 때문에 너무 집착할 필요가 없다는 사실이다.

게다가 기출문제를 보면 매년 출제되는 A급 논점, 2년 정도에 한 번씩 출제되는 B급 논점까지만 제대로 마스터 해도 기본적인 점수는 확보할 수 있다는 것이다. 즉, A급과 B급 논점의 문제들을 모두 맞추면 웬만해서는 합격을 하게 되어있다.

기출문제에 숨겨진 이러한 원리들을 알고 공부하면 아마도 낭비하는 시간을 줄이면서 효과적으로 공부할 수 있을 것이다.

요약서로 그물망 만들기

기본서를 많이 보면서 이해를 다듬는게 최고의 공부라고 생각한 적이 있었다. 기출문제와 해설, 기본서를 보는 것은 어떻게 보면 수 많은 지식을 쌓는 작업이라고 볼 수도 있다. 문제와 풀이, 해설, 기본서에는 다양한 개념과 풀이방법이 나열되어 있고 그것을 반복하여 공부하는 것만으로 비슷한 문제를 풀 수 있는 힘이 생기는 것은 맞다. 그런데 이는 완벽하게 문제를 장악하고 풀어낼 수 있기엔 아직 부족한 상태임에 틀림없다. 헷갈리는 상태에서 문제를 찍어서 맞추거나 완전한 이해 없이 답안을 채워 넣는 것은 확실한 합격을 보장해 주지 않기 때문이다.

그래서 많은 지식과 풀이법을 머릿속에 넣었을 시기에 꼭 보아야 하는 것이 요약서이다. 여기서 요약서는 기본서와 기출문제들을 중심으로 시험에 자주 나오는 주제들을 목차와 키워드, 내용을 압축하여 요약해 놓은 책이라고 할 수 있다. 거의 대부분의 시험에서 학원 강사들이 이러한 요약서를 출간하고 있으며 요약강의도 제공하고 있으므로 이를 막판에 정리하면 큰 도움이 될 것이다. 요약서를 통해서 기존의 지식 중에 시험에서 출제되는 주제를 한 눈에 구조화 시킬 수 있으며, 요약서를 기초로 살을 붙여서 답안을 쓸 수 있으면 주관식 시험 대비에 효과적일 것이다. 이는 마치 그물망을 쳐 놓고 뇌 속에 떠 다니는 지식 중에 필요한 지식만 건져내는 것과 유사하다.

요약서는 인터넷 고시서점이나 학원 홈페이지에 들어가면 검색할 수 있으며 수험생 커뮤니티 등에서 다양한 의견을 물어보고 고르기 바란다. 요약서는 절대로 여러 권 보아서는 안 되며 한 권만 사서 부족한 부분은 기출문제와 기본서를 가필해 가면서 단권화 해 나가야 한다. 기출문제에서 자주 출제되는 A급 논점과 B급 논점까지는 표시를 해 두고 시험날이 다가올수록 그 부분을 중심으로 반복해야 한다. 요약서의 강점은 속도감에 있으며 빠르게 전체를 보는 경험을 통해서 재미있게 공부할 수 있을 것이다.

수면도 공부다

우리는 어릴때부터 4당 5락이라는 말을 많이 들어왔다. 실제로 나는 중학교때 선생님이 5시간 이상 자면 시험에 떨어진다고 잠을 줄여가며 공부하라고 말한걸 들은 적이 있다. 당시에는 시험기간에 잠을 많이 자면 죄책감을 느끼면서 수업시간에 조는 것은 어제 잠을 줄여가며 공부한 결과라고 뿌듯해 했다.

지금 생각하면 정말 바보같은 짓이었지만 그때는 공부의 효율이나 실제로 시험에서 좋은 결과를 얻는 것에는 관심이 없었다. 그저 선생님이나 어른들이 보기에 "공부 열심히 했구나! 장하다!"라는 칭찬만 듣고 싶었을뿐.

대학에 와서 나는 잠을 기하급수적으로 늘렸다. 하루 8~9시간정도 잤던 것 같다. 그런데 오히려 성적도 많이 올랐다. 하루 4~5시간만 자면서 어렵게 공부했을때는 성적이 반에서 바닥에 가까웠는데, 8~9시간, 주말에는 심지어 10시간을 잤는데도 성적이 최상위권까지 올랐다. 어른들의 4당 5락이라는 말이 잘못된 미신이라는 것을 뒤늦게 깨달았다.

최근에 뇌와 심리에 관한 논문을 찾아보니 인간에게 가장 적당한 수면시간은 약 7시간이라고 밝혀졌다. 물론 이것은 평균적인 수면시간이므로 사람마다 차이는 있다. 근육도 하루 무리해서 운동을 하면 다음날 쉬어줄때 성장하듯이 뇌도 무리를 해서 공부를 했다면 적당히 쉬어주어야 지식이 자라날 수 있다. 이때 뇌에게 적당한 휴식은 수면이다. 수면시간 동안에 하루동안 받아들인 정보 중에서 일부는 기존의 지식과 연결을 하고 일부는 정리하여 망각시켜 버린다고 한다. 그렇게 정리를 하면서 수면 중에 뇌는 단기기억을 장기기억으로 만든다. 이러한 뇌 휴식에 있어서 가장 좋은 시간이 오후 10시부터 새벽 2시까지라고 하니 오후 12시 전에는 잠에 드는 것이 공부를 위해서는 가장 좋은 전략이다.

나는 한 학기 가장 어렵다는 경제학 고급과목을 수강하면서 전과목 A학점을 받았던 학기에는 매일 잠을 충분히 자면서 한 가지 트릭을 써서 기억을 유지했다. 매일 침대에 누워서 잠들기 직전에 하루동안 공부했던 내용을 아주 빠르게 한번 훑으면서 의식적으로 암기를 하려고 했던 것이다. 그리고 아침에 눈을 뜨자마자 암기하고 잤던 내용을 출력하는 연습을 했다. 바로 떠올려 보기니 혼잣말로리도 떠들어 보았다. 이는 정말 놀라운 효과를 발휘했다. 남들은 금세 까먹는 것들을 시험기간이 아님에도 계속 기억하면서 설명까지 할 수 있게 된 것이다.

이처럼 수면을 잘 활용하면 공부에 있어서 놀라운 퍼포먼스를 낼 수 있다.

일주일 단위로 계획세우기

내가 평소에 강조하는 것은 공부계획은 지나치게 복잡하면 안 된다는 것이다. 한 번은 친한 친구의 동생이 나에게 공부시간표에 대해서 의견 좀 달라고 했다. 그 학생의 시간표를 보고 나의 학창시절이 떠올랐다. 하루 단위로 8시부터 10시까지는 수학 인터넷강의, 10시부터 12시까지는 영어단어 암기, 1시부터 3시까지는 국어 인터넷강의, 3시부터 6시까지 영어 문제풀이 .... 이렇게 하루가 복잡하게 꽉 차 있었다. 심지어 일요일은 점심과 저녁시간도 없이 잘게 쪼개서 할 일들을 빼곡히 적어놓았다.

나는 이 학생을 만나 직접 물어보았다. "혹시 이렇게 계획을 세우면 다 지키나요?" 대답은 뻔했다. 거의 못지켰지만 노력하고 있다는 것이다.

대부분의 학생이 의욕적으로 시간표를 하루 단위로 세우고 지키지 못하고 있다. 그 시간에 해당하는 공부를 못하는 순간 잠을 줄이지 않는 이상 절대로 그 계획을 지키지 못한다. 지키지 못하는 자신의 모습이 반복될 수록 자신감도 떨어지고 공부가 하기 싫어진다. 결국 나는 '해도 안 되는 놈'이 되어 공부에 소질이 없다고 착각을 하게 된다. 이렇게 우등생과는 거리가 멀어지게 되는 것이다.

공부계획은 과업단위로 짜되 절대로 하루를 쪼개서 "그 시간에는 그 부분만 공부해야지"라는 식의 시간계획은 짜지 말자. 한 과목씩 보면서 내공을 쌓고 이번주는 어디까지 공부를 끝내자는 식으로 단순하게 계획을 세우는 게 중요하다. 분량단위로 계획을 세우면 시간활용이 유동적일 수 있으나 계획을 지킬 가능성이 훨씬 높다. 그리고 일요일은 하루 비워두는걸 추천한다. 만약에 토요일까지 공부를 잘 끝냈다면 일요일에는 놀아도 좋고 휴식을 취하면서 다음날 공부를 위해 재충전을 하라는 이야기다. 맛있는 것도 먹고 영화도 보고 즐기면 공부를 지속할 에너지가 생긴다. 만약에 토요일까지 목표한 공부량을 달성하지 못했다면 일요일을 활용해서 보충해야 한다. 이런 완충시간이 있어야 목표한 계획을 온전히 달성할 수 있게 된다.

시험에서 반응속도 올리는 훈련

나처럼 시험을 많이 치러본 사람은 누구나 공감하는게 있다. 어떤 시험이든 시간내에 다 푸는 것이 첫번째 관건이라는 것이다. 100분 안에 40문제를 풀어야 하는 시험이라면 적어도 80분 안에 문제를 풀 수 있도록 스피드에 신경을 쓰면서 공부해야 한다.

객관식 시험의 경우에는 컴퓨터 사인펜으로 마킹하는 시간을 신경써야 하고, 주관식 시험의 경우에도 전체적으로 목차구조를 다듬을 시간은 벌어야 한다. 일단은 속도에 중심을 두고 차차 정확도를 높이는데 집중하는게 공부하는 순서라고 생각한다. 처음부터 정확도에만 집착하면 속도가 나지 않고, 느리게 푸는게 습관화 될 수도 있기 때문에 항상 이를 염두에 두어야 한다. 처음부터 정확도를 높이기는 쉽지 않지만 연습을 반복하면서 정확도는 높아지게 되어 있다.

앞에서 기출문제와 해설, 기본서로 지식을 쌓고 요약서를 통해서 전체적인 그물망으로 필요한 지식을 걸러내는 작업을 했다면 시험날이 다가옴에 따라 속도라는 것에 더욱 신경을 써야 한다. 즉, 지식을 머릿속에서 출력하여 손으로 쓰거나 말로 뱉어보거나 객관식 문제를 많이 풀어보면서 답을 찍어내는 연습을 최대한 빠른 속도록 해야하는 것이다.

반응속도를 높이는 훈련은 처음부터 천천히 답을 가리고 문제를 풀고, 모르는 문제를 붙잡고 늘어지라는 이야기가 아니다. 오히려 모르는 문제라도 답을 미리 체크하고, 해설을 미리 여러 번 보면서 머릿속으로 이런 문제가 나오면 이렇게 풀어야한다는 과정 자체를 공부하는게 효과적이다. 가령, 객관식 상법을 공부한다고 치면 문제를 읽고 선택지를 보면서 답을 체크한다. 정답을 체크하고 해설을 빠르게 눈으로 본다. 눈으로 해설을 보고난 후에 왜 그게 답인지 한번 떠올리고 넘긴다. 이런 방식으로 문제를 모두 풀어 보고 이런 작업이 시험 시간내에 다 풀 수 있는 속도가 될 때까지 반복한다.

이는 내가 주로 썼던 문제로 공부하는 방법이니 참고하기 바란다.

제5장

암기방법: 회독수를 높이면 공부가 된다

회독수를 높이면서 최우등이 되다

연세대 경제학과 최우등 졸업자.
재수강 없이 단과대 내 상위 1%

이는 대학에서 내게 붙은 수식어다.

내가 많은 시험을 합격했고 또 도전을 하고 있지만 사람들에게 가장 크게 다가오는 것은 '자격증 30개 취득'보다는 '연세대학교 경제학과 최우등 졸업'인 것 같다. 이미 5년이 넘게 지난 지금도 문과에서 가장 어려운 학문이 경제학이라는 말이 돌 정도로 경제학은 어렵다. 내가 공부할 당시에는 경제학은 머리 좋은, 특히 수학을 잘하는 사람들만 공부에서 두각을 나타낸다고 믿었다. 그러나 나는 어릴때 구구단도 제대로 암기하지 못해서 혼났고, 고등학교는 실업계 고등학교에 다니는 바람에 미분과 적분은 공부해본 적도 없었다. 그러던 내가 이렇게 대학에서 수리통계학, 미분과 적분, 확률론, 경제수학 등에서 두각을 나타낼 수 있었을까.
나는 사람의 능력은 다 '거기서 거기'라고 생각한다. 내가 특별히 머리가 좋지 않은데도 노력과 방법만으로 여기까지 왔기 때문에 자신있게 말할 수 있다. 다만, 나는 오래전부터 키워온 열등감을 공부하는데 사용했다. 아니, 공부를 통해서 어떻게든 열등감을 극복해 온 것 같다. 아마도 내가 처음부터 잘생기고 똑똑하고 인기가 많았다면 공부를 이렇게 잘하려고 하지 않았을 것 같다. 나는 어릴 때 집안도 그리 잘 살지 못했고, 뚱뚱하고 머리도 좋지 않아서 친구들에게는 왕따를 당했고, 선생님들한테는 꾸중만 들었다. 그러면서 나는 해도 안되는 놈인지에 대한 의문이 생겼다.

'나도 노력으로 외모가 바뀌지 않을거야. 아무리 열심히 해도 우등생이 될 수 없어. 나 같은 놈은 사람들한테 인정 받을 수 없을까.' 이런 생각들이 내 머릿속을 채워갈때 사업에 도전했고, 벤처 사업에서 실패를 맛보고 자존감을 찾기 위해 지푸라기라도 잡는 심정으로 공부를 시작했다.

이렇게 시작한 공부는 처음부터 순탄할리가 없었다. 그러나 여러 방법을 적용하면서 한 가지 빠르게 성공했던 방법이 있다. 그건 바로 눈으로 회독수를 높이는 반복법이었다.

일정한 공부범위만 설정하면, 그 다음에는 어떻게든 반복을 하다 보면 처음에는 이해되지 않던 부분도 이해가 되기 시작했다. 놀랍게도 하나도 모르겠던 연습문제와 미분 적분 수식들이 연습과 회독을 반복하면서 자연스럽게 다가왔던 것이다. 이는 수학이 아닌 회계학이나 법학에도 통했으며 심지어 나는 어학을 함에 있어서도 이 방법을 적용한 결과 대학에서 고급대학영어 A+, 토익 3주만에 800점에서 940점으로 상승 등을 경험할 수 있었다.

회독수를 높이고 이를 성적향상과 공부에 대한 이해로 연결하는 것은 어느 정도 요령과 방법론이 중요하다. 내가 사용했던 방법과 요령을 소개하고 주변에 공부를 매우 잘했던 사람들의 인터뷰를 통해 검증된 내용을 소개해 볼 테니 자신의 공부에 적용해 보기 바란다.

천재는 있는가

작년에 있었던 일이다. 하루에 4시간씩 공부해서 약 1년만에 감정평가사 시험에 합격하고 받은 질문이 대부분 '당신은 천재 아니냐'는 것이었다. 나는 주변에 공부를 잘 하는 친구들을 많이 봤지만 그들은 천재가 아니었다. 실수도 많이 했고 생각보다 많은 시험에서 떨어진 경험이 있는 친구들이 대부분이었다.

우리가 흔히 생각하는 천재는 한 번 보자마자 내용을 다 암기하고 엄청난 사고력으로 남들이 하지 못하는 일들을 척척 해내는 사람 아닌가. 그런데 내가 본 천재라고 불리는 동기, 선후배들을 보면 공부에 있어서 아직도 고민을 하고, 가끔은 일이 풀리지 않아 여기저기 도움을 청하고 있는 그냥 평범한 능력의 사람들이었다. 물론, 남들보다 훨씬 많은 노력과 도전을 통해서 큰 성과를 이루었지만 타고난 두뇌 덕분은 아닌듯 했다.

실제로 공부를 잘하는 DNA를 타고난 사람이 없다고 말할 수는 없다. 아이큐가 원래 좋은 사람은 학습에 있어서 유리한 것이 사실이다. 다만 그런 사람이 반드시 시험에서 성공을 하고 업무를 남들보다 잘 하는 건 아니다. 오히려 나처럼 아이큐도 평범하고 학창시절 머리 나쁘다는 소리를 많이 들었던 사람이 어떠한 계기를 통해 수재가 되는 경우도 심심치 않게 볼 수 있다.

나는 요즘 시대에 천재는 '공부를 잘하는 사람'정도로 정의내리는 것이 맞다고 본다. 4차 산업혁명 시대에는 노력없이 타고난 능력으로 승부를 보기에는 컴퓨터보다 인간은 불리할 수밖에 없다. 게다가 더 잘 암기하고 더 많은 데이터를 다루면 유리하긴 하지만 그것보다는 이미 널려있는 데이터를 요령껏 잘 활용하는 사람이 더 뛰어난 평가를 받을 것이다. 공부에 있어서 잘하기 위해서는 타고난 능력을 믿지 않고 후천적인 '방법'을 믿는 것이 훨씬 유리하다. 능력은 정도의 차이는 있으나 '인간'이라는 특수성 하에서는 크게 차이를 내기 힘들기 때문이다.

그러나 공부법을 깨우치고 그것을 믿고 꾸준히 앞으로 나아가는 것과 그렇지 않은 것은 엄청난 차이를 낸다.

자신의 공부법에 대한 신뢰가 없다면, 지금 공부하는 방법 외에 수많은 방법을 찾아보느라 에너지를 낭비할 수밖에 없고, 지금 보는 책이 괜찮은지, 강의가 도움이 되는지, 지금 요약정리하는 방식이 옳은 것인지 지속적으로 의구심이 들어 공부에 방해가 될 것이다.

결국 공부는 자신에게 맞는 방법으로 머릿속에 지식과 풀이방법을 집어 넣는 반복의 과정이기 때문에 회독의 반복과 노력과 실천 없이는 공부를 잘 할 수 없다. 이를 잘 하기 위한 공부방법을 빨리 찾고 실천에 옮겨야 하는 이유가 여기에 있다.

공부가 재미있는 사람은 없다

고등학교 3학년때 공부로 내 진로를 변경했을때부터 지금까지 거의 하루도 안 빼놓고 공부를 하면서 '공부쟁이'라는 별명을 얻기도 했다. 친구들의 공부가 재미있냐는 질문에 재미있다고 답하기도 했으나 실제로 재미있진 않았다. 오히려 '공부가 너무 재미있다'고 스스로를 세뇌해야 꼭 해야하는 공부를 계속하는 게 합리화 될 것 같았다.

그러나 목적을 가지고 공부하고 있는 지금도 공부는 재미있어서 하는 것이 아니다. 공부가 목표가 되면 안되는 이유가 여기에 있다. 공부가 재미있고 신난다고 말하는 사람을 별로 본 적이 없을 뿐만 아니라 나도 공부가 그리 유쾌한 일은 아니다. 당장 영화도 보고 싶고 나가서 놀고 싶은데 이런 것들을 포기해야 하기에 공부는 하기 싫은 일이다. 그만큼 인내력과 노력이 필요한 게 공부다.

그러면 공부가 하고 싶은것이 될 수는 없을까. 나는 의식적으로 보상을 활용하면 공부도 할 만한 것으로 만들 수 있다고 본다. 유명한 심리학자 스키너는 쥐 실험을 통해 긍정적인 행동을 보일 때마다 먹이를 줌으로써 그 행동이 강화될 수 있음을 보였다. 우리는 이 쥐실험에서 버튼을 누를때마다 먹이가 나오면 그 쾌락을 누리기 위해서 계속 버튼을 누르게 되는 원리를 공부에도 적용할 수 있다.

공부에서 좋은 성적이 나오면 큰 보상을 설정해 두는 것이다. 부모님과 용돈을 약속받아도 되고 스스로 여행 같은 보상을 설정해도 좋다. 시험 말고 단기간에 몇 페이지 분량의 공부를 하고 적절히 휴식을 부여하는 것도 일종의 보상을 통한 강화 전략이 될 수 있다. 이것은 저차원적인 강화방식이고 궁극적으로는 목표와 꿈을 공부의 동기로 삼아 공부 자체에 흥미를 느끼도록 하는게 가장 지속력이 좋고 금방 지칠 가능성도 낮다. 그만큼 스로 동기부여를 하고 목표를 확실하게 설정하고 합격했을때 모습을 그리면서 현재의 공부에 큰 의미를 두는 것이 도움이 된다.

성취경험과 자존감 높이기

경영학계에서 성취욕구가 높은 사람이 성과를 더 많이 낸다는 유명한 연구가 있다. 맥클리렌드(Dr. McClelland)는 성취욕구가 강한 사람은 목표 설정을 중요하게 여기고 보다 도전적으로 일을 하며 일에 몰입하는 경험을 잘 하게 된다고 주장하였다. 즉, 경영자에게 성공의 근본적인 요인을 성취욕구에서 본 것이다. 그런데 성취욕구가 어디서 나오는지에 대한 보다 근본적인 물음에는 답이 명확하지 않았다.

나는 성취욕구는 오히려 성취경험에서 나온다는 걸 내 삶에서 발견했다. 계속 실패만 하고 힘들어 하던 어린시절 나는 아무것도 할 수 없다는 무력감에 시달려야 했다. 이를 학습된 무기력감이라고 한다. 이런 무력감에 빠져있다 보면 새로운 도전을 할 엄두를 내지 못하고 해도 안 될거라고 생각해서 현실에 안주하려고 한다. 당장 빠르게 쾌락을 주는 게임이나 먹는 것에 집착하거나 현실을 회피하려는 경향까지도 생길 수 있다. 이에서 탈피하는 가장 좋은 방법이 작은 성취 경험을 지속적으로 늘려나가는 것이다.

예를 들면, 이번 중간고사때 꼴찌를 했다면 다음번에는 꼴찌에서 벗어나는 것을 목표로 하는 것이다. 아니면 당장 토익점수가 400점이라면 500점으로 높여보거나 아주 쉬운 자격증 시험에 응시해서 이를 취득해 보는 경험을 하는 것이다.

이렇게 눈에 보이는 작은 목표를 설정하고 이를 달성하면서 조금씩 성취경험을 늘려나가다 보면 조금 더 높은 목표를 달성하고 싶어지는 것이 인간이다. 게임을 하다보면 레벨을 올릴수록 더 높은 레벨로 올리고 싶어지는 것과 비슷하다. 그렇기 때문에 처음부터 무리할 필요는 없고 성취경험을 늘리면서 자존감을 찾는 것에 집중하는 것이 좋다. 스스로 하고 싶은 생각이 들어 자발적으로 노력을 기울이는 단계가 되어야 지속적으로 공부 잘하는 사람으로 성장할 수 있는 것이다.

누구에게나 통하는 회독법

뇌와 기억에 대한 연구들을 보면 공통점이 있는데 그것은 인간은 망각의 동물이라는 것이다. 뇌는 한 번 본 것을 까먹으려고 하는 성격이 있으며 기억을 지속적으로 유지하려 한다면 반복적으로 보는 방법 밖에는 없다. 반복을 하면서 단기기억이 장기기억으로 바뀔 가능성도 높아지고 희미하던 기억이 보다 구체적으로 변할 수 있다. 그렇기 때문에 시험에서 좋은 성적을 내었던 고승덕 변호사의 경우에는 10회독 이상 하지 않으면 시험에 응하지 못한다고 말할 정도고, 나도 대학에서 올 A+를 받던 학기에는 모든 과목에서 20번을 반복하여 거의 만점에 가까운 점수를 받았다.

회독수를 높이는 방법은 처음부터 고통스럽게 이해를 하려고 할 필요도 없다. 이해가 되지 않아도 눈으로 빠르게 바르면서 회독수만 들리면 된다. 그리고 1회독에서 이해가 되지 않았던 것도 2회, 3회독으로 회독수가 늘어남에 따라 이해가 되는 것에 신기하기도 하고 재미도 생길 것이다. 억지로 이해할 필요가 없기 때문에 왜 난 머리가 나쁠까 하는 부정적인 생각을 할 필요 없이 자신감 있게 공부해 나갈 수 있다. 즉, 자존감에 손상을 주지 않으면서 공부량을 늘려갈 수 있는 장점이 있다.

홀로 공부하는 방법, 연습장을 쌓으면서 공부하는 빙법, 이해가 안되면 스터리텔링하는 방법 등 여러 공부법은 사람들마다 적용 효과가 천차만별일 수 있으나 회독수를 늘려가며 하는 공부법은 누구에게나 통하는 방법이다.

실제로 고시급 시험에서 합격한 사람들을 인터뷰 해 보면 하나같이 회독수를 강조했고, 몇몇은 최소한 5회독 이상은 해야된다고 말하기도 했다. 회독수를 늘려나가는 방법과 요령에 대해서는 내가 실천하고 효과를 보았던 방법을 소개해 보겠다.

회독수를 높이기 위한 전초전

우리가 공부방법을 미리 고민해야 하는 이유는 잘 맞는 방법을 내가 지속할 수 있어야 하기 때문이다. 아무리 좋은 방법을 알게 되었어도 제대로 실천할 수 없다면 소용이 없다. 그래서 미리 그 방법을 적용하기 위한 전초 작업을 고민하고 준비해 두어야 한다. 다행히도 회독수를 늘리는 공부방법은 보편적이라서 크게 준비할 것은 없다. 다만, 갖추어야할 마인드와 약간의 연습작업이 필요하다.

일단 회독수를 늘리면서 가속도를 붙이기 위해서는 처음부터 완벽하게 이해하고 암기한다는 생각 자체를 버려야 한다. 처음에는 이해가 되지 않더라도 읽고 넘어가는 것을 참아야 하는 것이다. 나는 실제로 예습이라고 생각하고 기출문제 혹은 기본서를 한 번 처음부터 끝까지 훑어 보면서 시각적으로 익숙해 지는 작업을 한 다음 본격적으로 공부를 시작하곤 했다. 2회독부터는 조금씩 이해를 해보려고 하면서 읽지만 그래도 속도가 떨어지는 것을 경계하면서 빠르게 읽는다.

회독수를 늘림에 있어서 가장 안좋은 방법이 고통스럽게 한 부분을 이해하려고 애쓰는 버릇이다. 오히려 경계해야 하는 것은 속도가 느려지는 것이며 벼랑끝에 매달려있는 심정으로 속도를 늦추어서는 안된다. 마치 처음부터 끝까지 전력질주 한다는 생각으로 속도를 유지하면서 읽는 연습을 해보기 바란다. 익숙해지면 많은 양을 소화해야 하는 공부에 큰 도움이 될 것이다.

독서법부터 다듬자

아직 공부가 익숙하지 않거나 공부를 그리 '잘하지' 못하는 경우에는 우선적으로 독서법부터 바로잡고 회독수를 늘려야 한다. 그냥 읽히지도 않고 읽는 방법도 모르는데 무턱대고 읽기만 하면 회독수가 늘어남에 따라 실력이 늘긴하겠지만 효과적이진 못할 것이다. 읽는 방법과 회독별 읽는 요령을 잘 알아야 회독수를 늘려나감에 따라서 폭발적인 실력향상과 암기를 할 수 있게 된다.

일단 독서법에 어떤 종류가 있는지부터 살펴보자.

첫째가, 흔히 말하는 대충 읽기인 '훑어보기'라고 할 수 있다. 논문을 쓰기 위해서 제목과 목차 위주로 여러 자료를 찾아보기 위한 독서법이며 이 방법은 나도 보고서나 논문을 작성할때 많이 이용했다. 지식을 암기하는 것이 목적이 아닌 전체적인 논리구조를 이해하면서 새로운 아이디어를 얻을 때 참 좋은 방법이다.

둘째는, 학원가에서 유행하는 '통독하기'인데 이는 훑어보기에 비해서 조금은 의식적이고 집중해서 읽는 방법이다. 그렇다고 문장단위로 의미를 분석하며 읽는 것이 아닌 전체 문단이나 페이지 단위로 어떤 이야기를 글이 전달하는지 메시지 위주로 읽고 이해하며 넘어간다. 상대적으로 속도가 빠른 독서법이며 페이지 당 3분~5분 정도 소요하는 방법이고 문장단위의 구체적인 내용을 암기해서는 안 되고 전체 내용을 습득하기에 좋은 방법이다. 주로 객관식 공부에 유리한 독서법이라고 할 수 있다.

셋째는, 일반적인 독서방법인 '보통 읽기'인데 이는 한 문장 한 문장 일반적인 속도로 읽고 의미단위로 지식을 습득하는 방법이다. 한 문장을 읽고 의미 파악하는 식으로 읽어 나가면 되고 특별히 빨리 읽어야한다는 생각을 가질 필요가 없다. 우리가 보통 책을 읽을 때 습관대로 읽는다고 생각하면 된다.

마지막으로 '정독하기'인데 가장 한 문장씩 집중하여 읽고 디테일한 내용도 빠짐없이 읽고 넘어가는 방법이다. 시험을 준비할 때 문장과 조문, 숫자까지 구체적으로 암기해야 할 때 사용하는 방법이며 꼼꼼하게 밑줄을 치거나 동그라미 등 표시를 하면서 읽으므로 시간이 오래 걸리는 방법이다. 주로 주관식 시험에서 토씨도 하나 빼놓지 않고 암기를 해야할 때 많이 사용하는 독서법이지만 공부 초기에는 사용을 권하지 않고 시험보기 일주일 전 쯤에 약한 부분의 공부에 적용하기 좋은 독서법이다.
이러한 독서법은 회독별로 다르게 적용해야 하는데 내가 연세대학교 경제학과 최우등상을 받을때마다 이 방법을 적용해서 놀라운 성과를 거두었다.

우선 1회독을 할 때는 '훑어보기'를 적용한다. 처음부터 절대로 완전히 이해할 수 없다. 천재도 아마 처음보는 것을 이해하지는 못할 것이고 이해한다고 해도 잘못된 이해일 가능성이 크다. 처음 읽을때는 훑어보기를 하면서 한 페이지씩 최대한 집중하여 3~5분을 넘기지 말고 진도를 나가면 된다.

그리고 2회독을 할 때도 '훑어보기'를 적용하되 속도를 더 붙여서 읽는다. 처음에 5분이 걸렸다면 이번에는 3분 안에 읽어야 한다. 최대한 빠르게 읽고 넘긴다는 생각으로 이해가 안되어도 넘어가야 한다.

3회독 부터는 전체 내용이 이해되기 까지 '통독하기'방법으로 읽어야 한다. 통독하기를 적용하면서 전체 내용뿐만 아니라 문장단위로 중요한 내용은 표시해 가면서 읽어간다. 읽는데 속도가 지나치게 느려서는 안되고 이해가 안되는 부분이 있어도 된다. 이렇게 강의내용을 복습하는 것도 좋다.

이해가 깊어지면서 부터는 통독보다는 '보통 읽기'로 전환하여 한 문장씩 이해 혹은 의식적으로 암기하면서 본다. 조금씩 이해가 되는 것을 느낄 것이며 보통 읽기로 몇 번 반복하다 보면 전체적으로 암기가 되는 것도 느낄 것이다.

마지막으로 시험에서 완벽하게 복사하듯이 쓰고 싶다면 '정독하기'를 적용하되 내가 평소에 잘 못하는 챕터나 부분, 혹은 약한 문제를 여러 번 반복하여 꼼꼼하게 읽는게 좋고 전체적으로는 보통 읽기나 통독을 하는게 시간관리상 유리하다.

이렇게 단계마다 읽는 방법을 달리 적용한다면 시험에서 좋은 점수를 얻는 것을 초월하여 시간만 충분히 주어지면 만점에 가까운 성적도 받을 수 있다. 내가 직접 해본 것이니 믿어도 좋다.

사고력 시험은 회독수로 공부하지 말자

공부하는 사람들이 흔히 하는 착각은 한 가지 공부법이 모든 공부에 통한다고 생각하는 것이다. 회독수를 늘리는 공부방법도 마찬가지로 모든 시험에 적용할 수 있는 방법은 아니다.

회독수를 늘리면서 공부하는 것이 효과적인 시험은 많은 양을 암기해야 하는 자격증 시험이나 학점 및 내신 등 지식을 물어보는 시험이다. 많은 양을 뇌 속에 효과적으로 구조화하고 기억시키고 그것을 빠르게 답안지에 현출하거나 객관식 선지로 찍어내기에는 회독수 높이는 방식의 공부가 최고로 잘 통한다. 그러나 지식을 물어보는 것이 아닌 사고력을 물어보거나 특정한 능력을 테스트하는 적성시험 등에는 이 방법이 잘 통하지 않고 오히려 독이 될 수도 있다.

수능으로 치면 국어영역은 새로운 지문을 읽고 그 자리에서 이해하여 답을 도출해 내야 하기 때문에 회독을 높이는 공부가 큰 도움이 되지 않으며, 오히려 새로운 지문을 많이 보면서 사고력을 키우고 답을 도출하는 과정을 끊임없이 연구하는 것이 좋은 공부법이 된다. 마찬가지로 공무원 시험에서 국어나 문학지문 공부는 회독수를 높이면서 암기하는 공부법으로는 새로운 지문, 새로운 문제에 적응을 오히려 방해할 뿐이다.

법학적성시험이나 5급 행정고시 1차 시험인 PSAT시험의 경우에도 문제를 암기하거나 지문을 암기하는 회독수 늘리기는 통하지 않는다. 하나만 여러 번 보기 보다는 다양한 유형과 사고력 훈련을 하는 편이 시험에서 좋은 점수를 받을 수 있다. 오히려 배경지식을 늘리려고 기출문제를 암기하는 식으로 접근하다가는 유연성이 떨어져서 점수도 낮아질 것이다.

현실이 이러하기 때문에 회독수를 늘리는 식의 공부를 모든 공부에 적용할 것이 아니라 암기형 시험에만 적용해야 한다. 이 사실을 알고 시험 성격에 맞는 공부법을 고민해야 하는 것이다.

회독수 늘리기에 가장 좋은 수험서

나는 회독수를 늘려가면서 암기하기에 가장 좋은 시험은 내신공부라고 하는 중간/기말고사라고 생각한다. 학교에서 교수님이 가르치는 범위의 프린트물이나 교과서의 시험범위만 공부하면 되기 때문에 책을 고를 필요도 없다. 그냥 정해진 범위를 반복해서 시험장에 갈 실력만 만들면 된다.

그러나 자격증 시험이나 공무원 시험을 준비하는 수험생이라면 수험서를 잘 고르는 것도 공부에 영향을 줄 수 있다. 특히 회독수를 늘리기 위한 공부에 효과적인 기본서 혹은 요약서를 고르는건 정말 중요하다. 기본서와 요약서(일명 서브노트)는 최소 1년 정도를 보게 되므로 반복할 수록 내 눈에 편하고 익숙해 져야하고, 내용도 충실해서 반복한 내용이 시험과 직결되어야 하기 때문이다.

그렇다면 어떤 수험서를 고르는게 우리가 반복해서 머릿속에 넣기 좋은 것일까.

일단 편집 상태가 나와 맞아야 한다. 개인적으로는 한 페이지에 너무 많은 내용을 담거나 지나치게 복잡하게 눈을 어지럽히도록 편집된 수험서는 피하라고 하고 싶다. 한 페이지에 지나치게 오래 머물 수밖에 없고 머릿속에 넣는데 방해되는 시각 요소가 많기 때문이다. 무조건 편집상태는 심플할 수록 좋다. 그리고 내용도 너무 많지 않게 단순화 되어있을 수록 좋다고 본다.

나는 수험서는 최대한 내용이 표로 요약되어 한 번 더 제시해 주는 것을 선호한다. 그렇다고 표가 너무 많아서 복잡한 것은 피해야 한다. 특히 기출문제집의 경우 해설이 한줄로 되어있기 보다는 다른 개념과 비교 등 충실한 것을 추천한다. 해설을 자주 볼수록 전체적인 시각과 이해가 생길 것이다.

주관식 시험의 경우에는 최대한 답안지에 쓸 내용과 목차구조, 컴팩트한 양으로 구성된 책을 고르는 것이 좋다. 문제의 해설에 판례나 교과서 내용을 그대로 복사 붙여넣기한 책은 되도록 사지 말자. 최소한 저자가 답안지에 그대로 쓸 수 있도록 압축하여 제시하는 내용의 책을 골라야 반복하여 암기했을 때 시험장에서 빨리 써 내려갈 수 있게 된다.

여러번 쓰면서 공부하기

우리는 많은 공부 고수들이 회독수를 높이면서 이해를 깊이 하고 시험에서 좋은 성적을 거두는 회독법은 많이 알고 있다. 그런데 어릴때 '깜지'라는걸 써본적이 있지 않던가. 영어단어나 어떤 개념을 종이가 까맣게 될때까지 쓰면서 공부하는걸 깜지라고 한다. 이런 깜지를 반복하여 쓰면서 공부하면 아주 제한적인 범위를 암기하는데 효과적인 것을 느낄 수 있었을 것이다. 그렇다. 우리 뇌에서 가장 많은 신경이 분포하는 영역이 손이다. 손을 쓸수록 뇌의 다양한 영역이 자극을 받는다는 것은 워낙 유명한 연구결과이다.

그런데 손을 쓰면서 공부하는건 연습문제 풀이나 답안지를 작성할 단계, 그리고 객관식 문제집을 풀때 특히 유용하고 기본서를 읽을때는 손을 쓰는 것은 밑줄 긋기 이외에는 공부에 오히려 방해가 될 수도 있다. 밑줄을 긋거나 중요부분에 동그라미를 치더라도 연필로 그어서 나중에 지웠다가 다시 표시할 수 있도록 하는게 좋다. 왜냐하면 여러 번 줄을 그으면서 읽다보면 너무 지저분해져서 나중엔 독해에 방해가 될 수도 있기 때문이다.

나는 주관식 공부에 있어서 연습장에 쓰면서 공부하는걸 즐겨 했고, 큰 효과도 거두었다. 다만, 회독수를 높여서 머리 속에 전반적인 개념을 익혀야 하는 초기에는 손을 사용하기 보다는 눈으로 빠르게 책을 읽으면서 머릿속에 전체적인 잔상을 남기려고 했다. 공부가 어느정도 되었을 때 답안을 정교하게 작성하기 위해서 단압작성 연습은 직접 손으로 하는 것이 좋은데, 이때에도 천천히 쓰기 보다는 최대한 스피드를 내면서 목차를 잡고 답안을 작성하는 연습을 해야한다. 글씨를 예쁘게 쓰려고 애를 쓰면 내용공부에 방해가 되기 때문에 알아볼 수 없을 정도로 갈겨서 써도 된다. 손으로 쓰면서 반복하기에 가장 좋은 과목은 계산을 해야하는 수학이나 회계학, 그래프를 그려야하는 경제학 같은 과목인데, 답안지 연습 차원에서는 주관식의 어떤 과목도 쓰면서 공부하는 게 도움이 된다.

이렇게 쓰면서 공부하면 기존에 머릿속에 자리잡고 있던 지식들이 좀 더 분명하고 뚜렷하게 각인될 것이고, 막상 답안 작성할 때에 머리로 고민하기 이전에 손이 알아서 작성하는 효과도 누릴 수 있게 된다.

상상력으로 수동적 읽기를 넘어서기

우리는 여러 번 회독을 거치면서 단순히 암기하는 것을 공부라고 생각하곤 한다. 특히 시험을 준비하는 입장에서 시험이 나오는 범위를 그대로 암기하는 것만큼 좋은 공부는 없는 것 아닐까. 그런데 내용 이해의 깊이를 더해주기 위해서는 반복하여 읽으면서도 회독수가 늘어나는 만큼 상상력도 늘어나야 한다.

상상력이란 공부내용과는 동떨어진 것을 생각하라는 이야기가 아니다. 그 공부내용을 제대로 이해했는지 스스로 물어보고 "현재 제도에 응용하여 더 좋은 사회를 만드는데 기여할 수는 없을까", "이 방법을 가성하면 큰 돈을 벌 수 있을텐데..", "이 규정은 왜 이렇게 설계되었지?", " 나중에 이 부분을 더 파고들어 논문을 써봐야지" 등으로 열린사고를 해보라는 소리다. 이렇게 하면서 회독수를 증가시켜 나갈 때 같은 내용을 다시 보더라도 지루하지 않을 것이며 훨씬 다채로운 이해와 내용을 갖출 수 있다.

이렇게 상상력과 회독수 늘리기를 병행하면 창의적인 답안을 쓸 가능성도 늘고, 주관식 시험의 경우 '사안의 해결', '기대효과', '결론' 부분을 채워서 낼 때 남들과 차별화된 답을 제시할 가능성도 높아진다. 나는 실제로 재무관리 시험을 치를때 답을 제시하고도 시간이 남아서 맨 뒤에 해당 사례문제에 관련쟁점을 더 써서 이론을 응용한 현실적 제언을 하였고 평균이 48점인데 78점이라는 고득점을 할 수 있었다. 그렇다. 많이 읽는 것 만큼 많이 생각해야 공부를 능동적으로 할 수 있고 이렇게 능동적인 공부가 되어야 남들과 차별화된 지식과 실력을 무장할 수 있다.

공부에 준비시간은 없다

수험생들의 고질적인 습관은 독서실에 가서 책상에 앉아야 공부가 된다고 하여 준비시간동안 아무것도 안 한 채 초조해 하는 것이다. 사실 회독수를 높이는 것이 목표라면 굳이 그 일을 하는 장소가 독서실 책상일 필요는 없다. 아침에 일어나서 독서실까지 가면서 무수한 고민을 하며, 밥먹고 이동하는 시간까지 하면 너무 많은 시간이 낭비된다.

그리고 공부를 빨리 못했다는 생각때문에 찝찝한 상태에서 공부에 온전히 집중하지 못할 수도 있다. 나는 한창 공부를 하던 대학시절에 아침에 일어나자마자 바로 책을 손에 들고 읽기 시작했고 머리가 잘 돌아가지 않아도 회독수를 높이는데 집중했다. 일단 공부를 시작하면 시간에 대한 압박도 사라지고 아무데서나 공부를 시작하다 보면 의식적으로 공부를 할 때에 비해서 공부하는 것이 힘들거나 고통스러운 것이 아닌게 된다.

계획을 많이 세우거나 준비를 많이 하는 사람치고 공부를 잘하는 사람을 많이 보지 못했다. 오히려 공부 안할 핑계를 만들거나 실제 책 읽는 양은 적으면서 자기합리화만 느는걸 많이 봤다. 공부시간과 회독수를 늘리는 가장 좋은 방법은 일단 공부범위가 확정되면 언제 어디서나 그냥 공부를 하는 것이다. 다른 핑계와 유혹이 비집고 들어오지 못하도록 틈을 주지 말아야한다. 오늘따라 머리가 잘 안돌아가도, 왠지 피곤해도, 놀고 싶고 운동하고 싶으면 산책을 하면서라도 책을 보는거다. 그냥 한다고 생각하고 중간중간 목표량을 달성했을때 보상으로 정말 하고 싶던 것을 온전히 쉬면서 해보자. 이렇게 할때 공부는 일상이 되고 휴식이 특별한 이벤트가 되어간다. 그러면 자연히 회독수도 늘고 공부에 대한 부담도 줄어들게 되는 신기한 경험을 하게 될 것이다.

회독수 높이는 장치를 만들기

사실 회독수를 높이고 반복을 해야 한다는 건 공부를 해본 사람이라면 누구나 아는 사실이다. 그러나 막상 하려고 하면 의지를 불태우지 않는 이상 지속하기 매우 힘들다. 큰 목표를 세우고 의지를 다지는 것도 집중력을 높이는데는 한계가 있게 마련이다.

우리의 인생에서 가장 집중력 있게 공부하는 때가 언제인지 아는가. 중간고사나 기말고사 시험기간이라고 할 수 있다. 이 기간에는 목표가 매우 분명해진다. 정해진 시험공부 범위를 어떻게든 최대한 많이 보고 시험장에 들어가는게 목표가 되어 죽어라 공부하게 되어 있다. 이렇게 초 집중하는 기간의 특성을 살펴보면 재미있는 요소를 발견할 수 있다. 어쩔 수 없이 시험을 봐야하는 상황이 하나의 요소이고 그것을 위한 목표와 동기도 분명하다는 것이 내적인 요소이다. 이런 상황만큼 회독수를 늘리기 좋은 장치도 없다. 그럼 우리가 이용할 수 있는 장치란 무엇일까. 그것이 바로 모의고사다.

모의고사는 어떤 시험이든 학원에서 만들어서 주기적으로 시행할 수밖에 없다. 나도 한때 회계사 시험을 준비할 때 학원 종합반을 다닌 적이 있는데 모의고사 시험이 있기에 매주 긴장을 하면서 시험범위만큼 최대한 반복하는 공부를 할 수 있었다. 학원을 다니지 않을때에도 스터디를 통해서 학원가의 모의고사를 구해서 같이 풀고 점수를 공유했고 챙피를 당하지 않기 위해서라도 공부를 열심히 하게 되었다.

이런 장치는 우리를 구속할 수도 있지만 적당히 이용하면 긴장감을 지속적으로 유지하면서 회독수를 늘리는 큰 동기부여가 될 수 있다. 모의고사 외에도 공부한 것을 스터디를 통해 확인하는 작업이나 주변 친구들에게 알려주는 것도 작은 동기부여 장치가 될 수 있다. 내가 공부한 범위에 대해서 타인에게 설명하려면 어느 정도 이해가 선행되어야 하기 때문에 그 범위만큼 계획적으로 반복하게 된다. 이런 외부의 장치를 이용해서 회독수를 늘리는 것을 게을리 하지 않아야 한다.

불안감 없애는 법

매일 하루 10시간씩 정해진 범위에서 나올 거라고 예상되는 범위를 죽어라 공부했는데 시험장에서 대비한 문제는 안 나오고, 공부하지 않은 내용이 출제되었을 때 기분이 어떠하겠는가.

아니면 공부하기는 했지만 대충하여 내가 잘 모르는 부분에서 출제되어 시험장에서 진땀을 흘린 기억은 없는가.

우리가 공부를 하면서 가장 불안한 경우는 내가 공부하지 않은 범위에서 문제가 출제되는 상황과 내가 약한 부분에서 문제가 출제되는 경우일 것이다. 나도 이 두가지가 제일 무섭다. 이 두가지가 아닌 이상 공부를 어느 정도 하면 극복이 가능한 상황이므로 크게 문제되지 않는다.

이런 상황은 공부를 하는 동안 우리의 자신감을 갉아 먹는다. 공부한 곳에서만 시험이 나와준다면 지금 하는 공부가 얼마나 의미있고 신나겠는가. 그래서 기출문제를 분석하고 최대한 나올 범위를 확대하여 회독수를 높이는 공부가 유용한 것이다. 손으로만 쓰면서 공부를 하거나 노트정리를 꼼꼼하게 해야 하는 공부방법은 필기하는 시간소모 때문에 공부범위가 좁아질 수밖에 없다. 노트를 만드는 것 자체에 시간을 많이 쏟게 되면 실제로 이를 반복하여 내 것으로 만드는 시간이 줄어들게 되어 실력이 부실화될 가능성도 크다. 차라리 범위를 책 전반과 기출문제 전반으로 좁히되 그 범위를 최대한 눈으로 많이 보는게 시험에는 유리할 것이다.

시험범위를 조금 넓게 잡고 눈으로 빠르게 여러 번 돌리는 회독수 늘리는 방법을 쓰면 포기하는 범위가 그만큼 줄게되어 불안감도 최소화할 수 있다. 그리고 시험장에서도 모르는 문제를 마주할 가능성도 실제로 줄어든다.

또한 내가 약한 부분을 먼저 집중하여 읽어두고 더 반복 횟수를 늘린다면 그 부분이 출제될 것으로 인한 두려움과 불안감이 사라질 것이다. 그래서 내가 잘 못하는 챕터를 먼저 읽으면서 공부해 두는게 심리적으로 공부를 진행하는데 유리한 전략이다.

제6장

스피드: 공부에 속도를 붙이자

의식적으로 빨리 넘어가기

나는 원래 책을 많이 읽지는 않았던 사람이다. 어릴때부터 내가 좋아하는 컴퓨터 책을 많이 보긴 했지만 대부분 처음부터 끝까지 정독을 하지 않고 필요한 부분을 발췌해서 보거나 대충 읽으면서 흥미있는 부분만 여러 번 보았다. 모든 부분이 동일하게 비중을 갖고 쓰여진 책은 없다. 즉, 한 문장, 한 단어도 놓치지 않고 읽어야겠다는 것 자체가 비효율적이라는 말이다. 중요한 부분은 길게 쓰여져 있고 읽으면서 전체적인 내용을 파악하고 이해하면 되지 한문장씩 저자가 어떤 의도를 가졌는지 파악할 필요가 없다는 것이다. 그리고 그렇게 이해를 하려고 해도 완전히 필자의 입장에서 이해할 수도 없다.

공부는 필요한 콘텐츠를 습득하고 머리 속에 오래 저장하는 것이 목표인 만큼 한 줄 한 줄 느리게 읽어서는 전체적인 내용 습득이 어려워질 수밖에 없다. 모든 사람은 자신이 가진 지식과 경험을 통해서 내용을 해석하고 이해하며 받아들인다. 그렇기 때문에 천천히 글을 읽거나 깊이 생각을 하려고 노력해도 결과는 기존의 지식에 새로운 콘텐츠를 연결하는 면에서 크게 차이가 없다. 오히려 빠르게 여러 번 보는 것이 새로운 지식의 정확성을 높이는 길이다.

공부는 정해진 범위를 얼마나 빨리 내 것으로 만들어서 써먹을 수 있는 상태로 만드느냐의 싸움이다. 그렇기 때문에 천천히 읽는다고 해서 더 많은 지식을 빨리 습득하는게 아닌 한 천천히 읽을 이유가 없다. 어차피 그대로 암기해서 쓰는 것이 아닌 이상 전반적인 암기와 내용만 글에서 건져내면 된다.

주관식 시험 공부라고해도 글의 전체적인 내용을 빠르게 읽으면서 반복하는게 어차피 나의 언어로 써야하는 시험에서 쓸만한 키워드와 내용을 더 많이 건질 수 있는 길이다.

책을 많이 읽어야 하는 이유

고등학교때 이상하게 공부를 거의 하지 않았는데 국어영역이나 언어영역의 시험만 보면 1등급을 받는 친구들이 있었을 것이다. 나도 같은 반 친구가 매일 소설책과 신문만 즐겨보는데도 다른 과목은 몰라도 언어영역은 고득점을 꾸준히 유지하는 걸 본적이 있다. 국어나 언어영역은 암기과목이 아니기 때문에 원래 머리가 좋은가보다 하면서 넘어갔는데 나중에 알고보니 그 친구의 아이큐가 좋지도 않았다.

그 친구는 이상하게도 언어영역 지문을 읽으면 남들보다 독해속도도 빠르고 정답도 정확하게 풀었다. 그런데 그 친구의 한 가지 눈에 띄는 특징이 있었는데 그것은 바로 '독서'였다. 소설책부터 각종 에세이 등 다양한 종류의 책을 하루에 한 권 이상 읽었다. 신문 보는 것도 취미인 것처럼 매일 아침 신문을 읽곤 했다.

그는 이미 독서와 글읽기를 많이 해둔 덕분에 새로운 제시문이 나와도 자신만의 지식체계에 금방 포섭하여 이해할 수 있었던 것이다. 속독이 잘 되는 사람들은 눈을 굴리는 속도가 빠른게 아니라 기존의 지식에 새로운 지식을 잘 연결하고 스스로 빠르게 이해하고 넘어갈 수 있는 사람들이다. 결국 핵심은 독서를 습관화 하고 폭넓은 지식을 습득하기 위해서 글을 빠르게 많이, 그것도 자주 읽어두어야 공부할 때 유리하다는 것이다. 그리고 천천히 글을 읽고 이해하려는 습관은 공부에 큰 도움이 안된다는 것도 명심하자.

이해가 되지 않으면 넘어가라

학창시절 공부할때는 이해가 되지 않거나 어려운 문장이 나오면 그 부분을 이해하고 넘어가기 위해서 끙끙댄적이 많다. 지금은 공부에 어느 정도 도가 튼 상태라서 이해가 안 되면 쿨하게 넘어갔다가 다시 돌아와서 읽어보곤 한다. 이렇게 하면 오히려 이해가 잘 될뿐만 아니라 전체 글 속에서 어떤 의도로 그 문장이 존재하는 지도 읽을 수 있게 된다.

우리가 글을 읽고 이해를 한다는 것은 이미 우리가 가지고 있는 지식과 새로운 정보의 시냅스를 만들었다는 이야기다. 즉 충분한 정보와 지식이 우리에게 있을 경우에 이해가 훨씬 빠를 수밖에 없다. 그렇기 때문에 당장은 이해가 되지 않는다면 넘어가면서 글을 전체적으로 읽어두어 머리속을 정보로 채운 다음에 다시 보라는 이야기다. 그렇게 하면 이상하게 이해가 잘 되는 경험을 할 수 있다. 비슷한 주제와 용어들로 된 글을 많이 볼수록 더 어려운 논문이나 책이 쉽게 이해되는 것과 같은 이치이다.

대신에 공부를 하면서 이해가 안 되는 부분은 연필로 물음표표시를 해두는 것이 좋다.

나도 대학에서 경제학 공부를 할 때 처음 읽는 책에서 이해되지 않는 부분이 수두룩 했다. 그래서 그 부분을 표시해 두고 "교수님께 어쭈어보아야지" 하며 넘어가고 다른 부분 예습을 한 적이 있다. 이상하게도 예습을 다 끝내서 전체적인 흐름을 잡고 교수님께 여쭈어 보기 위해 자시 그 부분을 읽으면 저절로 이해가 되는 경우가 많았다.

일단 답답하더라도 읽는 속도를 늦추는 것은 피해야 한다. 우리는 어차피 책을 여러 번 회독할 것이기 때문에 모르는 부분에 당장 집착할 필요가 없다. 이런 생각을 가지고 공부한다면 자유롭게 지식의 바다에서 헤엄쳐 나갈 수 있을 것이다.

빠르게 인풋과 아웃풋 하기

우리는 회독수를 늘릴때 처음부터 끝까지 다 보고 문제도 빠르게 풀어보면서 전체적인 잔상을 남기는 작업을 반복해야 한다. 그러나 이 작업을 '세월아 네월아' 해서는 뇌 속에 지식을 확고하게 자리매김할 수 없다. 지식을 넣는 작업인 인풋과 공부한 것을 빠르게 확인하는 아웃풋을 반시간 내에 반복할 수 있어야 한다.

에빙하우스의 망각곡선은 우리에게 기억은 결국 시간이 지남에 따라 소멸한다는 사실을 보여주었다. 최대한 시험에서 좋은 성과를 내기 위해서는 공부했던 내용을 최소한 3번 이상은 반복해야 70%의 지식이라도 건질 수 있는데 이 작업이 느려지면 느려질 수록 처음보는 것과 크게 다르지 않게 효과가 떨어진다. 오늘 일정 범위를 빠르게 읽었으면 그 부분을 말로 떠들어 보거나 관련된 문제를 한 번 풀어보는 등 출력하는 연습을 짧게라도 해야 한다. 하루 안에 하는게 가장 효과적이며 오래끌면 끌 수록 소용이 없다는 것을 알아야 한다.

책을 읽을때에도 처음에는 모든걸 이해한다는 생각은 버리고 빠르게 진도를 뺀다는 느낌으로 공부하고 집중력이 떨어질 타이밍에 문제를 풀어보거나 타인에게 설명해 보는 등 출력을 하는게 좋다. 다만 아웃풋을 하는 과정에서도 집중해서 최대한 빠르게 해보는 걸 추천한다.

절대로 중간에 바꾸지 마라

우리는 시험장에서 문제가 헷갈려서 고민했던 기억이 하나쯤 있을 것이다. 처음에 풀었다가 나중에 시간이 남아서 다시 본 문제의 답이 잘못된 것 같아 고쳤을때 정답률은 어떠했는가. 아마도 고친 문제는 거의 대부분 틀렸을 것이다. 나도 이상하게 다시 풀면서 답을 고친 것은 틀렸던 기억이 있다. 그것은 인간의 무의식에 원인이 있다. 무의식 중에 기존에 숙달했던 대로 정답을 향해 갔었는데 지나치게 의식을 대입해 이해하면서 풀려는 순간 오답이 매력적으로 다가오는 것이다.

그래서 평소에 빠르게 읽고 문제를 푸는 과정을 반복하여 무의식중에 문제를 풀어내는 연습을 하고 제목만 보아도 답이 튀어나올 정도로 빠르게 푸는 연습을 계속해 두어야 한다. 중간에 공부가 되지 않는다고 멈추거나 느려지지 않도록 가속도를 내면서 공부해야 한다. 시험장에서도 공부한 습성대로 최대한 빠르게 풀려고 하고 멈추지 말아야 한다. 모르는 문제를 제외하고 공부했던 주제에서는 막힘이 없어야 한다. 사실 계산문제는 빠르게 풀고 나중에 검산이라는 과정을 거쳐서 내 답이 맞는지 검증하는 것이 좋다. 그러나 말문제는 확신을 가진 문제에 대해서 다시 푸는게 큰 의미가 없다. 오히려 내가 못풀겠는 문제를 빠르게 다시 파악하면서 다시 풀어보면 의외로 풀리는 경우가 있다. 이건 바꾸는게 아닌 전체적인 문제풀이 후에 새롭게 문제를 접근하는 것이다. 이렇게 시험장에서의 시간을 활용하면 조금이라도 점수를 높일 수 있다.

기출문제 빠르게 보기

기출문제는 어떤 시험이든 가장 먼저 빠르게 훑어보아야 하는 시험의 지도라고 할 수 있다. 사실 모든 시험의 기본서나 참고서는 기출문제를 기초로 하여 내용구성이 되어있고 기출이 되지 않은 주제중에 매우 중요한 부분을 제외하고는 책 개정을 하면서 삭제하는 것이 일반적이다. 그러므로 기출문제는 시험의 시작부터 마지막날까지 계속 가져가야 할 좋은 공부자료이다.

기출문제는 보통 최근 5개년부터 조금 어려운 시험의 경우에는 10년치 기출을 구하여 보는게 좋고 시험 난이도가 높을수록 기출의 반복횟수도 늘어나야 정상이다. 거꾸로 공부법에서 소개했듯이 기출문제를 푸는 것이 기본서를 보는 것에 선행되어야 하는데 그 이유는 우리 뇌는 순서대로 지식을 저장하는 것이 아니라 곳곳에 그물망처럼 지식을 체계화 하기 때문이다.

기출문제는 많은 지식이 동시에 응축되어 있는 자료이며 이를 먼저 이해가 안 되더라도 여러 번 훑어두면 나중에 머릿속에 그물망이 형성되어 기본서를 읽을 때 중요한 부분만 걸러낼 수 있다. 이때에도 천천히 기출을 파고들면 기본서 공부 단계로 넘어가기도 힘들뿐만 아니라 이해하려는 과정에서 멘붕만 올 수 있다. 그냥 기출을 처음에 있는 그대로 받아들이고 해설도 봐가면서 눈도장만 찍고 빠르게 훑어 보아야 한다.

특히 반응속도가 생명이라고 할 수 있는 객관식 시험의 경우에는 기출문제

위주의 공부가 큰 효과를 발휘한다. 기출문제만 공부해도 되지만 공인회계사시험, 세무사 시험처럼 내용의 깊이가 있는 책은 그 내용영역도 빨리 정리할 수 있는 요약강의나 문제풀이 강의를 병행하여 좀 더 효과적으로 이해의 폭을 넓히는 게 좋다. 암기형 시험이 아닌 사고력도 요구하는 시험이기 때문에 이해를 위한 강의 수강, 기본서의 참고적 독해도 필요한 것이다. 그 밖에 난이도가 낮은 시험은 기출문제 만으로 충분히 대비할 수 있다. 100점을 받는게 목표가 아니라 합격점수를 넘기는 것이 우리의 목표이기 때문이다.

오래 기억하려면 빠르게 반복하자

기억력이 아무리 좋은 사람도 별 생각 없이 처음 본 내용은 금세 까먹는다. 기억에 대한 연구 실험에서는 사람이 처음 본 내용에 대해 기억을 유지하는 기간은 15초라고 한다. 그렇기 때문에 반복을 해야 기억을 유지하고 더 선명한 기억으로 만들 수 있다. 그래서 공부를 할 때 동시에 여러 과목이나 여러 주제를 하기 보다는 한 번에 같은 과목의 같은 주제로 공부를 반복하는게 더 효과적이고 기억도 빠르게 가져갈 수 있다.

독일의 심리학자 에빙하우스에 따르면 구체적으로 마릿속에 저장된 기억을 장기기억으로 만들려면 적어도 세 번 이상은 반복해야 한다고 한다. 그는 실험에서 반복주기를 10분 후에, 6시간 후에, 24시간 후에 한 번씩 수행하면 가장 효과적이라고 했다.

나는 이러한 기억의 법칙을 연세대학교 경제학부에 다니던 시절에 생활화해서 큰 효과를 얻었다. 오늘 수업을 들었다면 곧바로 공강때 복습을 해서 한 번 더 수업내용을 상기했고, 저녁식사를 하면서 책이 없더라도 머릿속으로 배운 것을 다시 상기하려고 했다.

 그리고 잠이 들기 전에 필기한 노트를 한 번 더 읽어보면서 리마인드를 했으며, 다음날 아침에 일어나자마자 그 노트를 빠르게 읽으면서 기억하고 있는지 확인하였다. 이렇게하면 4~5번을 에빙하우스가 말한 10분 후, 6시간

후, 24시간 후에 반복하라는 것과 비슷한 효과를 낼 수 있다.

직장생활을 하거나 바쁜 사회생활을 할 때에 이런 기억의 법칙을 활용하는 것은 큰 도움이 된다. 책을 집중해서 빠르게 본 다음 걸어다니거나 화장실에 가 있는 동안 얼마나 기억하는지 떠올려 보고, 버스나 지하철 등 이동수단에서 한 번 더 상기해 본다. 아주 즉각적이고 빠르게 상기되어 기억의 잔상이 반복되면 다시 책을 보았을 때 놀랍게도 이해와 기억이 더욱 선명해지는 것을 느끼게 될 것이다.

짧게 공부하고 짧게 쉬자

우리는 공부에 있어서 반복하는 것만이 기억을 오래, 그리고 분명하게 유지하는 길이라는 것을 배웠다. 그런데 어떻게 반복하고 복습을 진행하는 것이 효율적일까.

반복은 분명히 학습에 엄청난 효과가 있다. 오래전에 일정기간 반복해서 학습했던 구구단이나 모국어, 컴퓨터 사용법, 영어 숙어 등은 장기기억으로 전환되어 평생이 지나도록 정확하게 기억된다. 반복학습은 기억이 오래 유지될 수 있다는 장점이 있지만 그만큼 고통스럽고 오래걸리는 작업이다. 반복을 조금이라도 쉽게 하는 방법은 자주 훑어보기나 스터디에서 다른 사람들과 내용을 떠들어 보는 등 '그냥'할 수 있도록 만드는 것이다.

뇌과학 연구 결과들을 보면 우리가 책을 볼 때 처음과 끝부분의 내용은 보다 정확하게 기억한다는 사실을 알 수 있다. 그렇다면 처음과 끝을 좀 더 많이 만들어서 공부하면 더 효과적이라는 것을 추론할 수 있을 것이다. 그렇다. 공부를 시작할 때와 끝날 때의 기간을 짧게 만들고 휴식도 짧게 취하면서 이 작업을 무수히 반복하는 게 기억력을 강화하는데 유리하다.

사람이 한 번에 집중할 수 있는 시간이 20분에서 40분까지 의견이 분분하지만 최소한 20분정도는 누구나 집중할 수 있다고 본다면 공부시간을 20분 단위로 잘게 설정하여 그 기간동안 최대의 속도로 공부를 진행하는 것이 좋다. 휴식은 짧게 취하고 다시 20분을 공부하는 식으로 반복하면서 처음과 끝부분의 기억을 키우고 전체적인 내용을 연결시키면 된다.

한 가지 주제를 공부할 때는 하나만 여러 번 반복하는 것이 좋은데, 오랜시간 동안 많은 분량을 읽고 기억하려고 하면 전체적으로 기억하기 더 어렵다. 같은 정보도 환경이 달라지거나 감정이 다른 상태에서 받아들이면 기억과 맥락에 대한 결합이 더욱 강화된다. 짧게 쪼개서 반복하는 것이 장기적으로 보면 공부시간도 아낄 수 있고 학습효과도 극대화할 수 있는 것이다.

잠들기 전 스피드 공부

잠을 잘 때 그냥 아무런 뇌 활동이 없을거라고 생각할 수도 있는데 그건 착각이다. 우리가 잠을 자는 동안에 사고를 담당하는 전두엽의 기능은 느려지지만 정보를 정리하는 일을 시작한다. 외부의 감각적 자극이 덜하기 때문에 이미 입력된 정보들을 떠올리면서 꿈을 꾸고 쓸모없는 내용을 삭제하는 것이다.

우리는 공부를 하자마자 기억이 가장 생생할거라고 생각하는데 이것도 잘못된 생각이다. 공부를 하고 하루 이틀 지난 후에 기억이 오히려 더 정확한 몇 가지 사례가 있었고 이를 심리학자들은 망각의 역전이라고 부르기도 했다. 왜 이런 현상이 일어나는 것일까. 그것은 바로 수면의 기능에 원인이 있다.

잠을 자는 동안에 뇌는 기억을 정리하고 사용할 수 있는 형태로 저장을 한다. 이는 램수면 상태에서 활발하게 일어나는 데 기존의 지식들과 오늘 받아들인 새로운 정보들을 연결시키고 불필요한 것을 걸러내면서 기억을 구조화 한다. 무의식적으로 이런 일이 발생하기 때문에 우리가 느끼지 못할뿐 놔가하는 이런 일이 실제로 공부하는 것보다 다 중요한 역할을 한다. 기존의 지식이 많으면 많을수록 더 많은 연결을 만들어 낼 수 있기 때문에 기억도 더욱 입체적으로 해낼 수 있다.

이러한 현상을 공부에 적용하면서 공부 자체에 가속도를 높이는 방법은 잠들기 직전에 오늘 공부한 것을 몰아치고 중요한 내용의 키워드를 한 번 보는 것에 있다. 오늘 공부한 것을 단순히 한 번 더 보는 것은 너무 오래걸리고 비효율적이다. 단지 오늘 공부한 것들을 빠르게 훑어보면서 중요한 것들에 표시를 하거나 간단하게 손을 써서 메모하는 등 키워드 위주로 상기하라는 말이다. 빠르게 키워드를 떠올려보고 대강 어떤 의미인지만 생각하는 식으로 넘어가면 수면을 취하는 동안 그 키워드들에 이미 가진 기억의 의미가 연결되면서 새로운 기억을 구성할 것이다. 이렇게 해두면 다음에 복습을 하면서 더 정확한 개념과 기억을 만들어 나갈 수 있다.

에필로그 - 공부법 발견을 위한 치열한 기록

이 책은 내 공부법의 실전 엑기스만 모아둔 것이라고 할 수 있다. 《공부법 다 똑같다》를 집필하기 전에 《합격비법 100문100답》을 펴내면서 최대한 시험별 노하우를 담고자 했다면, 이 책은 그야말로 모든 공부에 공통적으로 통할만한 원리만 추려서 담고자 노력했다. 2016년 10월부터 집필에 들어가서 2017년 10월인 현재까지 수없이 고치고 다시 쓰면서 나의 공부법과 공부를 잘하게 된 원리를 되새김질 했다.

어릴적 공부를 정말 못했고, 초등학교 졸업할 때까지 구구단을 완벽하게 암기하지 못하여 선생님께 혼나기도 했던 내가 연세대학교 경제학과에서 최우등졸업을 하고 전문직 자격시험 5개를 단기간에 합격한 것을 보고 주변에서는 번개라도 맞은 것 아니냐는 이야기도 했다. 그러나 분명한 것은 그 과정에서 치열하게 공부방법을 다듬고 시행착오를 겪어왔다는 사실이다. 나는 정말 그 누구에게도 자신있게 말할 수 있을 정도로 노력해 왔다. 공부와 합격은 기본적으로 노력이 밑바탕에 있어야 된다. 그냥 쉽게 시험에 합격하고 좋은 실력을 얻을 수 있으면 공부법을 찾는 노력도 필요 없을 것이다. 현실에서는 노력 없이 요령만으로 가능한 시험은 없다.

책을 집필하면서 정말 많은 사람들의 조언을 구했다. 공군장교 훈련을 함께 받았던 행정고시 최연소합격자부터 다양한 현직 전문가들까지 인터뷰를 폭 넓게 하면서 내 방법과 그들의 방법을 검증했다. 이 책에는 그들과 나의 공부 방법 중에서 가장 효과적이고 구체적인 내용만 담고자 노력했고, 때문에 출간에 1년이나 걸렸다.

나도 계속 공부하고 연구하면서 발전하고 있다. 인간의 능력은 끝이 없다고 하지 않던가. 우리 모두 지금 뇌의 10%도 사용하지 못하고 있다. 이 책의 내용과 방법, 기술들을 자신의 공부와 삶에 적용하면서 시험 합격뿐만 아니라 이후의 직업설계와 인생에도 적용해 볼 수 있었으면 좋겠다. 사실 공부를 하는 이유는 무엇보다도 자신의 꿈과 목표를 달성하고 실현하기 위함이 아니던가. 책을 읽는 독자에게 필요한 방법을 몇 가지라도 건져서 자신의 공부방법이 개선되고 시험에서도 좋은 성적을 거두었으면 하는 바람이다.

초판 1쇄 발행 2018년 01월 02일
2쇄 발행 2019년 01월 07일
저자 곽상빈
발행인 이향준
발행처 (주)법률저널
등록일자 2008년 9월 26일
등록번호 제15-605호
주소 151-862 서울 관악구 복은4길 50 (서림동 120-32)
대표전화 02)874-1144 **팩스** 02)876-4312
홈페이지 www.lec.co.kr
ISBN 978-89-6336-317-2
정가 15,000원